みどりの森の食日記

写真／川内松男

週に一回の給食づくりには毎回手のあいた保護者の方々がお手伝いに来てくれます。決められた順番ではなく、あくまで希望者の自発的な参加。保護者にとっても、我が子に喜ばれる料理の作り方、コツを学べるし、いっしょに作ることを通して親同士が触れあうとても良い機会になっています。「いただきます！」の前に、子どもたちの前で今日の料理を作ってくれたお母さん、お父さん一人ひとりを紹介します。照れくさくもあり、ちょっぴり誇らしくもあり、親子ともどもにうれしい給食づくりです。

給食づくり

園で毎年つくる干し柿を使ってつくる人気のおやつが、「柿練り（かきのり）」です。子どもたちといっしょに、一晩水につけた干し柿をすり鉢でていねいにすりつぶし、ドロドロの状態になったら上新粉を混ぜて練り、丸めて焼きます。砂糖が手に入りにくかった時代から郷土に伝わる、ほんのりとやさしい甘さのおやつですが、子どもたちは大好きで、「またつくって」という声がいつもたくさん聞かれます。毎年1月にだす冬のおやつの定番です。

## 柿練り

苺のジェラート

春のスープ

春の献立には新入園児への心くばりがたくさん。おにぎりは海苔だけのシンプルなものも入れて、どの子にも食べやすく。鶏手羽元の煮物は子どもの好きなものを一品加える工夫を。春野菜の天ぷらは旬の味のおいしさを伝えるメッセージ。実だくさんの汁には、なめこを入れてつるっと喉ごしよく食べられるようにと、季節の野菜の三五八づけとくだものをそえます。

春

**春の自慢料理**

新キャベツと厚あげの煮物

苺のかくれんぼ

たけのこごはん

夏の献立は和食をしっかり食べて、暑さに負けないからだに。おにぎりは柿の葉を使って自然の恵みに触れ、主菜のがんもどきは園特製の手作り。揚げたてのおいしさは一度食べたら忘れられない味。夏の野菜も甘味噌をつければあっという間にペロリ。夏の味噌汁には脂のある豚肉を用いて、エネルギーのある味に。

冷汁（ひやじる）

夏

**夏の自慢料理**

ししゃもの米粉揚げ

人参とりんごのゼリーアイス

ずんだおはぎ

さっぱり梅じゃこおにぎり

秋の献立は旬のサンマを主役にして、秋満載の食卓に。おにぎりは旬の栗と芋、しゃけと定番の味噌にぎり。主菜のサンマは蒲焼風に甘辛く仕上げると子どもたちに大人気の一品。副菜の白和えは簡単な作り方で、子どもたちに日本の味を。秋の実だくさん汁は郷土料理の芋煮汁を。収穫の秋は伝統の味を味わう季節。

**秋**

スティックポテト

米粉のお好み焼き

### 秋の自慢料理

里芋の甘味噌がけ

いなり寿司

石巻風つみれ汁

冬の献立には一年間でいろいろな食材が食べられるようになった"食の育ち"がみえる。おにぎりには黒豆を使ったバリエーションも登場。イワシは頭から丸ごとパクっと。野菜の煮物や味噌汁にはちょっと苦手だった大根、はくさい、ごぼうなども。この頃にはごはんの量も増え、実だくさんの汁と和風のおかずも大好きに。

かぼちゃごはん

冬

肉豆腐

**冬の自慢料理**

秋田風だまっこ汁

柿練り（かきのり）

山芋もち（かるかん）

# 郷土の料理

おくずかけ

（春）きぬさや
　　　じゃがいも

（夏）オクラ
　　　なす
　　　みょうが

（秋）かぼちゃ
　　　しいたけ
　　　里芋

（冬）れんこん
　　　かぶ
　　　ずいき

昔から食べられていた郷土の料理は土地と風土に合っていて体に無理のない食事です。残念ながら今では家庭でつくられなくなっているものも多くなりました。手軽に食べられるものが溢れている今の時代だからこそ、少し手をかけた郷土料理を、保護者の方々や子どもたちに伝えていく役目を園が担いたいと思っています。
＜写真＞のおくずかけはお盆やお彼岸に食べられていた代表的な精進料理で、季節の野菜を入れた実だくさんの汁物です。とろみがあって食べやすく、栄養も満点です。作り方は卒園児のおばあちゃんに教えていただきました。

豆味噌

田作り

干し柿なます

Midorinomori 's Food Diary

# 「食」からひろがる保育の世界

磯部裕子監修◆みどりの森幼稚園

ひとなる書房

# はじめに

　かつて保育者であった私は、今、保育者の養成と、保育研究の仕事に携わっています。私の仕事は、保育の場に身を置き、子どもや保育者と語り、日々生成する保育の物語に関わることによって、ようやく一歩前に踏み出すことが可能となります。言い換えるならば、子どもと保育者が織り成す臨床の場でこそ、私の仕事は成立します。

　これまでにも、私は多くの子どもや保育者たちに支えられてきたように思います。新米保育者であった私を育ててくれた子どもたち、大学院で共に研究した実践的研究者たち、豊かな実践を創り上げていく力強い保育者たち、常に学び続ける姿勢を持ち続ける元気な卒業生たち……こうした子どもと保育者たちとの出会いが、常に私の仕事に刺激を与え、私を今日まで導いてくれていたように思います。

　そんな中で、今の私の仕事に大きな活力となった一つの出会いがありました。それが、みどりの森幼稚園の保育です。みどりの森幼稚園は、前身である幼稚園が園児不足によって一度閉園となった後に、有志によって7年前（2000年）に再開園したといういわば長い歴史を背負った「新しい」幼稚園です。幼稚園を再開園するということは、まさにゼロから出発するということです。悪しき伝統や矛盾を身に纏う必要もありませんが、その一方で、積み上げてきた保育の実績もなければ、確実に入園してくれる子どももいません。それでも、園長をはじめこの園に集った保育者たちは、まさにゼロから子どもとともに保育を創り出していきました。

　政令都市仙台の地にあっても、子ども不足の問題は深刻です。幼稚園の現場は、園児獲得のために必死の実践を展開しています。子どもの保育のために必死になるのであれば、それはすばらしいことですが、事態はそんなに単純ではありません。園児数は、即園の経営とつながりますから、経営者は時に、子どもにとって最善の保育ではなく、子どもを獲得するために最善の保育を実践しようとする傾向にさえあります。おそらく、こうした状況は全国的な傾向といえるでしょう。

　大学の授業で、保育の本質を学んでも、現場はその本質とは遠いところにあるとしたら、保育者はその間でどうすればいいのでしょうか――。そんな保育者たちに、明確な指針を示すことが、今の私の大きな課題であると思っていた矢先、偶然にも私は、みどりの森幼稚園の保育に出会いました。みどりの森幼稚園が、ゼロから出発し、小さな、しかし確実な歩みを始めたころでした。

　市街地にあって、バスも制服もない。決して広い園庭や豊かな自然環境があるわけでもない。でも、保育の本質を追及しつつ子どもに真摯に向き合えば、こんな保育が実現できる。そんな希望の息吹を感じさせる幼稚園でした。

　それからの私は、半ば「押しかけ女房」。ゼミ学生の卒業研究の場として、卒業生たちの

勉強の場として、そして何よりも私自身の研究と授業で用いる事例収集の場として、いつの間にか、園にたびたび通わせていただくようになっていました。思えば、園からはこうして私が通わせていただくことの了解を未だ正式に得ていないような気がします。なにせ、「押しかけ女房」だったものですから。

　みどりの森幼稚園の保育を知れば知るほど、私は、この園の実践を私の教える学生たちや関係者だけではなく、多くの保育者たちに伝えたいという気持ちが強くなってきました。再出発から7年。まだまだ試行錯誤の部分があるのも事実です。決して保育の見本、100点満点の保育としてではなく、この園の保育には、保育という営みを考えていくうえでのヒントがたくさんあるように思えたからです。私たちが日々保育を実践するうえで、避けることなく向き会わなければならない問いが、この園からたくさん発せられているように感じたからです。

　そんな思いを抱いたとき、みどりの森幼稚園の小島園長から、幼稚園で力を入れてきた給食のレシピを整理してみたいというお話を伺いました。確かに、この園の給食はすばらしいのです。食いしん坊の私もこの園の給食の大ファンです。しかし、この園の給食のすばらしさは、たんに素材やメニューにあるのではなく、この園の根底に流れる保育観を実現したところにあるのだと感じていました。そうであれば、たんなるレシピの本ではなく、保育の本を、保育だけではなく、食の物語を描いた本を、とイメージがどんどん広がっていきました。

　時に、内閣府が、食育推進基本計画を打ち出し、保育の現場でもさまざまな食育の取り組みがはじめられたころでした。

　私の勤務する大学の同僚で調理学を専門とする平本福子先生は、子どもの調理教育などの食育にも携わっていらっしゃいます。保育現場で実践されている食育には、もっと保育の視点を入れたほうがよいのではないかと、常日頃から指摘されていらっしゃいました。ある時、平本先生に、この園の食の取り組みをみていただいたところ、この園の食の実践は保育者だけではなく、食の専門家である栄養士にも重要な問題提起ができるのではないかというご意見をいただきました。力強い仲間を得て、平本先生には、この本のもう一つの柱である食の部分を担当していただきました。

　さらに、日頃から私の研究と実践に適切な助言をいただいている青木久子先生にも、力を貸していただきました。青木先生は、私のゼミ生を自分の学生のように育てていただいているうえ、みどりの森幼稚園の保育の構築にも力を貸していただいています。そして何よりも、この園の強力な支援者の一人でもいらっしゃいます。

　こうして立場を異にするわれわれ研究者3名とみどりの森幼稚園の保育者12名の思いが一つになって、この本の編集が進められました。

　再開園から7年というこの時期に、この園の保育と食の実践を世に出すことには、多少のためらいがなかったわけではありません。とりわけ、謙虚な園の先生方にはとまどいが

あったのも事実です。しかし、この園の実践が、今日の保育や食育の実践に、小さくとも一つの問題提起ができるにちがいない、それは保育の基本が揺らぎ、食のあり方が問われている今だからこそ必要な提起であるにちがいないという、われわれ研究者の確信のもと、拙くとも、日ごろの保育に携わる自分自身の姿を、また子どもに向き合う強い思いを、素直に表現してみようという気持ちへとつながっていきました。

　1章の実践記録は、この園の実践をそのままに保育者自身が表現したものです。一つひとつの実践には、まだ多くの課題が残されているかもしれません。こうして言語化することで、あらたに見えてきた問題もたくさんあります。日々積み重ねられていく実践のほんの一部をとりあげ、このような形で世に出すことを決断したのは、他ならぬ私です。責任のすべては、監修者の私が負うべきものと考えています。ぜひとも、読者のみな様の忌憚のないご意見とご指導を頂戴できればと思います。私は、みな様の指摘を受け止め、この園の保育者をはじめ多くの保育者仲間たちと共に、これからの保育を創り出すエネルギーに代え、歩みを続けたいと思っています。

　最後になりましたが、この企画を半ば強引に持ちかけたにもかかわらず、快く引き受けてくださいましたひとなる書房の名古屋龍司さん、極めて多忙なスケジュールの中、幼稚園にかけつけていただき、この園の保育をそのままに生きいきとした写真に表現してくださいましたカメラマンの川内松男さん、撮影のための調理を担当してくださった園の関係者及び保護者のみな様、レシピ作成のための細かな作業を一手に引き受けてくださった平本ゼミの佐藤さん、熊谷さん、撮影の間の保育を支えてくれた磯部ゼミの山谷さん、真山さん、そして何よりもいつもわれわれにたくさんの元気を与えてくれた幼稚園の子どもたち、みなさんのお力なくしてはこの本を出版することは不可能だったと思います。心より感謝申し上げます。

　この本が保育や食育、あるいは子育て中の保護者のみなさんに、少しでも元気を与えることができれば、うれしく思う次第です。みなさんの元気な笑顔が、未来を担う子どもたちに、きっと大きなエネルギーを与えることでしょう。少しでも、そんなお役にたてることを願って、この本を届けます。

　　　園庭の新緑がまぶしい春の日に

監修者　磯部　裕子

# もくじ
Contents

グラビア──「みどりの森の食日記」
はじめに　2

## 第1章　子どもと保育をみつめて　～みどりの森の「食」実践～………9

### 1　みどりの森の「食」への思い　10
「ゆっくり大きくな〜れ」　10
手作りの温かいものを　11
安全で安心して食べられるものを　11
米中心の和食へ　11
できる限り地産地消にこだわって　12
　　米、野菜、調味料・だし
アレルギーの子どもへの対応　14
郷土料理に親しむ　15

◆コラム
みどりの森のおにぎり　13
環境保全米ネットワーク　15
宮城の郷土料理　17

### 2　みどりの森の食日記　～おいしくて楽しいあしあと～　19
①ほっとするやさしさ……みどりの森のミントティー　20
②春の匂いを感じて……つくしのきんぴらは年長の味　22
③野にも園にも春が来た！……緑いっぱいよもぎだんごづくり　24
④初夏はやっぱりカキ氷から……イチゴシロップづくり　27
⑤園庭にはえたなぞのつる……ふわふわお好み焼き　29
⑥ぼくたちはっかりおるすばん！？…おるすパン（米粉のクレープ）　32
⑦「夜の幼稚園」特別メニュー……米粉バナナパンケーキ　35
⑧早いもの勝ち！……庭になる実　37
⑨大きな大きなぐるんぱのビスケット……りんご入り米粉ビスケット　40
⑩サンマを知る秋……焼きサンマ　43
⑪びっくり、どっきり、秋の味……稲穂の素揚げ　47

⑫自然の恵みをそのままに……どんぐり　49

⑬やっぱりこれがなくちゃね！……特製三五八（さごはち）漬け　52

⑭ゆっくり熟成された味のひみつ……味噌づくり　55

⑮けやき味噌汁屋、本日開店！……味噌汁づくり　59

⑯ゆっくりおいしくなあれ！……年長さん特製、梅シロップ＆梅ゼリー　63

⑰お別れの日のプレゼント……ロールはくさい　67

⑱料理の基本は⁉……園のニワトリの卵で作る極上目玉焼き　69

◆コラム

三五八漬け　54　　／味噌　58　　／おにぎり　62

自己決定できる生活時間　71

## 3　みどりの森の保育への思い　〜食が変わって保育が変わる〜　72

園のあゆみ　72

私たちが大切にしていること　72

三つの教育目標　73

園をつつむ環境　74

食が変わって、保育が変わる　75

食を担当するということ　77

親、管理栄養士として園にかかわって　78

# 第2章　幼稚園の食育を考える　81

## 1．保育を通して「食育」の未来を探る　平本福子　82

1　はじめに　82

2　食育とは　82

3　近年の食育をめぐる動向　84

4　みどりの森幼稚園の食の実践をみる　88

5　おわりに　94

## 2．「生活による保育」の実現としての「食」の意味　磯部裕子　96

1　はじめに　96

2　生活の中の「食」を考える　97

3　ある幼稚園の給食風景　98

4　ある調査結果から　100

5　保育内容としての「食」を考える視点　101
　　6　生活の連続性の中にある学び——分断された食事の時間　103
　　7　みどりの森幼稚園の食の試み　104
　　8　おわりに　108

### 3．保育内容としての食の再考　青木久子　109
　　1　はじめに　109
　　2　食が見える保育空間　109
　　3　生きることと食べることの関係　110
　　4　幼稚園や保育所、小学校の弁当・給食の始まり　112
　　5　学校給食と教育内容　114
　　6　「食育基本法」のめざす方向　115
　　7　教育における食と労働の歴史　116
　　8　保育内容としての食の再考　118
　　9　食育環境の醸成　120

## 第3章　みどりの森のレシピ　121

◇春のレシピ　122

◇夏のレシピ　124

◇秋のレシピ　127

◇冬のレシピ　129

◇郷土料理のレシピ　130

◇園で使用する食材と調味料一覧　133

おわりに　134

装丁／山田道弘
グラビア／川内松男
本文写真／川内松男・みどりの森幼稚園
本文イラスト／所靖子

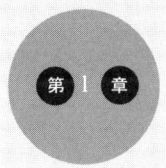

# 子どもと保育をみつめて

みどりの森の「食」実践

# 1 みどりの森の「食」への思い

## 「ゆっくり大きくな〜れ」

　原始から、食べることは生きることに直結する行為でした。人は生きるために食べ物を栽培、採取し、それを食べる生活が当たり前でした。しかし、現代では、遠く離れた所で、他者によって作られたものを食べる機会がほとんどで、食べる即生きるとは感じにくくなってしまったように思います。

　みどりの森は「食べる」ことを大切にしています。それは「生きる」ことであると考えるのと同時に、「成長」と捉えているからです。背が伸びるとか、体重が増えるといった身体の成長はもちろん、「心の成長」にも大きく関わっていると思っています。

　今、多くの子どもたちは「早く、早く」と急かされながら日々を過ごしているのではないでしょうか。少しでも人より先に大きくなってほしいと願う親たち。そのため、栄養過多、情報過多になりがちです。健やかな成長に誰もが不安を感じざるを得ない現代だからこそ、子どもたちが「ゆっくり大きくなる」ことを私たちは大事にします。

　みどりの森が提案する「食」は、すぐに効果がみられるものではありませんが、子どもたちの中でゆっくりと育っていき、やがて、子どもの中で「豊かに生きる」ことへ繋がっていく。現代の食はそういうものであってほしいと願います。

　「食べる」ということは個人的な行為だと思います。好き嫌いがあったり、少食だったり、子どもによってさまざまなペースがあります。その日の体調や、天気によっても食べる量は違います。残さず食べるということはとても大切なことですが、無理に食べる（食べさせる）ということはふさわしくありません。それよりも「食べることは楽しい」と感じられたり、「食べることが好き」な子どもになってほしいと思っています。

　よく親・保護者の方々から「少食で困る」とか、「朝ごはんを食べない」「好き嫌いが多い」などの悩みの相談を受けます。そんな時園ではまず「ごはん（お米）をよく食べる」ということを基本に考えてもらいます。とにかくごはんをしっかり食べて、そこに少しずつ食べられる物を増やしていけばよいので

は、と話します。親にとって「少食」とか、「好き嫌いが激しい」というのはとてもストレスが溜まること。叱るのも食事の場面が一番多いとも聞きます。でも、ごはんをしっかり食べて、そこに少しずつ食べられる物を増やしていくことで、いつの間にこんなにたくさんの食物が食べられるようになったのとびっくりする頃には、子どもの食事も親の心も豊かになっていくのではないかと思います。親の気持ちも子育ても「ゆっくり大きく」が良いと思っています。

### 手作りの温かいものを

　みどりの森では現在は週一回、給食の日があります。保護者の方にも協力していただきながらすべて園の給食室で調理し、温かいものは温かいうちに子どものところへ届くようにしています。バイキング方式で、子どもは好きなものを選択し、もちろんお代りも自由です。器はすべて陶器で、みそ汁を入れるお椀は木製です。子どもたちには少し重いかもしれませんが、プラスチックの器で食事をするのは何か貧しい気がします。落としたり割ったりすることもありますが、それでも続けていくつもりです。

　昼食時の飲み物は(お弁当の日も含め)牛乳ではなく番茶を出しています。

　朝、職員が大きなヤカンにお湯を沸かして番茶を入れます。この番茶も陶器の湯のみで、各自に配られます。夏場は、冷蔵庫に入れ冷たいお茶を出すようにしています。

### 安全で安心して食べられるものを

　食に関しては、安全で安心して食べられるということがなにより大切です。子どもたちが園内で口にするものは、ほとんどが手作りです。添加物のたくさん入った加工食品を使うことは楽なことですが、安全とはほど遠いもの。できるだけ自然に近いものを食べることが大切だと考えてます。

　材料のすべては国産の物を使用し、味噌、しょうゆ、砂糖といった調味料もそのほとんどを国産材料にしました。

### 米中心の和食へ

　開園当初から「食」にはこだわってきたのですが、今のように「ごはん中心の和食」へ完全に移行したのは、小麦アレルギーの子どもの入園がきっかけでした。小麦アレルギーを持つ子は微量の小麦粉が体内に入っただけでも、アナフィラキシーショックを起こし、処置が遅れれば死に至ることさえあります。

どうすればその子もいっしょに給食を食べられるようになるだろうかと考え、一つひとつメニューを見直すうちに、「和食だと、ほとんど小麦粉を使わない」ということに気がつきました。

　日本人である私たちはずっとごはん中心の和食をとってきました。ところが、戦後、急速に多様なメニューが私たちの食卓にも入り、食事面での洋風化が進みました。しかし、ほんらい私たちには日本の風土にあった、昔から食べてきたものを食べて生活することが、一番身体に良いはずです。幼児期からそういう食事をして育った子どもは大人になってもそのような食事を食べたいと思うようになるのではないか、良い食事を幼児期から食べることが一番の食育ではないか、それならとことん「良いと思う食事を追及しよう」と考えたわけです。

## できる限り地産地消にこだわって

　給食には可能な限り地元宮城の食材を使用しています。『身土不二』といわれていたように、昔は自分の生活する四里四方（約16km四方）で採れた作物を食することが、一番健康に良いとされてきました。現代では地元で採れたものだけで、生活することなど不可能ですが、せめて、県内、それが無理ならば、東北のものをと意識して使っています。また、フードマイル(注)を意識することで、ひいては環境保護にもつながると考えています。

　外国産の野菜に使われる農薬のこともずいぶん話題になりました。アメリカ産牛肉の狂牛病のことも心配です。食べるものがすぐ身体に反映する子ども時代だからこそ、作り手の顔が見える、安心・安全な食材を身近から買うということを続けています。

### ○米

　園で使う米は無農薬無化学肥料の米で、すべて宮城県産です。国の有機登録認証機関である、ＮＰＯ法人環境保全米ネットワークに「安全でおいしい米を紹介してほしい」と頼み、紹介された環境保全米ネットワークで認証した有機ＪＡＳ米を中心に、認証は受けていなくとも、長年農薬や化学肥料をいっさい使わずに米をつくってきた農家の米を使用しています。

　米の作り手も「環境を守る良い米は、次代の子どもたちを守る米である」という強い信念のもとに頑張っている方々ばかりです。作り手の顔の見える米を使うようになってから、その方々のパワーまでいただけるようになった気がします。また、無農薬の田んぼで生まれる「カブトエビ」や家の庭で採れたどんぐりをいただいたりと、いろいろな形での交流も初めています。

---

**フードマイル**
イギリスのティム・ラング氏が、1994年に提唱した運動に由来。食料の生産地から消費地までの距離に着目し、なるべく近くでとれた食料を食べることで、輸送にともなうエネルギーをできるだけ減らし、環境への負荷を軽減しようという運動。地産地消を推進していく理由の一つと言われる。

### コラム　みどりの森のおにぎり

　みどりの森幼稚園では「ごはんをたくさん食べる」ということを一番大切に考えて給食を作っていますが、そのごはんのほとんどをおにぎりで出すようにしています。

　おにぎりは子どもが持ちやすい大きさに握ります。4月当初、「食べる」ということさえも緊張している新入園児にとっては、「おにぎり一つ食べられた」ということが、小さなステップとなって、給食に抵抗感をもつことなく、子どもたちに受け入れられているように思います。

　いろいろな具を加えたり、季節感を出したりすることで、おにぎりを食べただけでも、満足感が得られるよう工夫しています。（第3章季節のおにぎりのレシピ参照）

　家庭のおにぎりには、コンビニのおにぎりでは味わえない、それぞれ特別の形や味があります。"ソウル・フード"というのは、少々いいすぎかもしれませんが、おにぎりを握ることは、握り手の心もいっしょに握ることになる……そんな思いをもって握っています。

　みどりの森のおにぎりの味は、家庭のおにぎりとは違うけれど、幼稚園のときに出会った多くの大人たちが思いをこめて握った味。大きくなっても、忘れられない味として、子どもたちがずっと覚えていてくれることを願っています。

　毎年夏に行われる卒園児の集い「おひさまきらきらの会」では、子どもたちが自分たちでおにぎりを作って食べるという活動をしています。「おにぎり」はみどりの森の給食を支える鍵となる「食」のひとつです。

＜みどりの森のおにぎりの作り方＞
　おにぎりを握り続ける中、みなで知恵を出し合って、できた作り方。
1．できるだけ精米したての米をていねいに洗い、米が水を十分に吸ってから炊く。炊き上がったら、蒸らし、しゃもじでざっくりと混ぜる。
2．1個分（約70ｇ）を手に取り、両手で団子を丸めるようにして、ごはんの角をとる。（この時には力を入れず、手の中でころがすように）。ひとまとまりになったら、3～5回握る。（固くもなく、軟らかくもなく、飯粒の形がくずれずに残るくらい）
3．できあがりは飯台に並べ、蓋をする。

　＊みどりの森では、時間がたってもおいしく食べるために、おにぎりを木製の飯台に入れます。飯台に入れると、べたつきもなく、1時間くらいはほんのりとあたたかく食べられます。毎回、季節に合わせて三種類のおにぎりを作り、好みのものを選んで食べます。子どもに一番人気なのは、塩むすび。あぶりたての香ばしい海苔を好みで巻いて食べます

○野菜

　野菜も、現在は無農薬野菜の栽培に取り組んでいる宮城県白石市のかわむら農園さんからとっています。無農薬で作るということは、デコボコしていたり、虫食いがあったり、時に青虫もいっしょに届くこともあります。お日さまの具合一つで、予定していた野菜が届かずに、今日のみそ汁は具が一品足りないなどということもあります。でもそれが当然で、ほんらいの食べるということは自然に左右されることだということがわかります。旬の野菜は野菜そのものの味がします。その時期には、きゅうりばかり給食に上がることもありますが、季節を食べる生活とはそういうものではないでしょうか。

　また、園の野菜ゴミはコンポストに入れ堆肥にし、できた堆肥は園内の畑の土づくりに活用しています。

○調味料、出汁（だし）

　調味料もできるだけ自然に近い状態のものを使っています。塩はミネラル豊富な海水塩。砂糖は無精白のキビ砂糖。味噌は無農薬の大豆と減農薬で作られた米麹を使って漬け込んだものです。酒は贅沢に純米酒です。純米酒とキビ糖と味噌で作る甘味噌を旬のきゅうりにつけて出すと、あっという間になくなります。とても贅沢な味だと思っています。醤油は現在（2007年現在）小麦アレルギーの子どもたちのために「米醤油」を使用しています。

　また、だしには特にこだわって、天然のものでしっかりととります。うまみ調味料（いわゆる化学調味料）は一切使用しません。

　しっかりととっただしの香りは、それだけで、食欲を誘います。日本人の生活の中にしっかり息づいている、食生活の基本がだしの香りではないかと思います。幼児期においしいだしに出会うことがその後の嗜好の基礎を作るのではないかとさえ思います。

## アレルギーの子どもへの対応

　みどりの森幼稚園にもアレルギーの子どもが多くいますが、みんなで同じものを食べられるということを一番大切に考えています。もちろんアレルギーの種類によっては代替がダメで、除去ということになりますが、基本的には同じものを食べてほしいと思っています。小麦アレルギーの子どもは本当に微量な小麦粉が体に入っただけでショックを起こしてしまいます。そのため、食材に関してはすべてコンタミ確認(注)を行います。

　給食に小麦粉製品が上がることはありません。和食を中心に考えると小麦粉を使わないということは意外と楽にできます。天ぷらなど、どうしても小麦粉

---

**コンタミ確認**

コンタミとは食品の加工時、製造ラインなどで偶発的にアレルギー物質が混入すること。混入が確認されなくても、同一のラインで小麦粉を引いたりしているような場合があれば、その同じラインで引いた食品は使用できません。万が一のことを考えて「コンタミの可能性がある場合」も、みどりの森ではその商品は使用しません。

を使わなくてはいけないものの場合は、米粉で代替しています。また、卵や牛乳アレルギーもありますが、これも和食ではあまり使用しなくても済むので、ほとんど使いません。どうしても、卵を使わざるをえない場合は、卵除去のものも作り、見た目には違いがないようにしています。つなぎに卵を使用したい場合は、じゃがいもや片栗粉を使用します。また、牛乳の場合にはココナッツミルクを使用しています。

> ### コラム 環境保全米ネットワーク
>
> 「農薬の使用量が世界に突出していた高温多湿の日本で、農薬を減らしながら米づくりは本当に不可能なのか。涙ぐましい努力で農薬をまったく使わないで農業をしている一握りの生産者は確かにいた。しかし、それ以上に広がらないのはなぜか。誰でもほんの少しの努力で農薬を減らした米づくりができる技術と方法があれば、今は点として存在するにすぎない生産者が面的に増えていくのではないか」
>
> このような思いを持って、環境保全米ネットワークは市民団体としてスタートしたそうです。現在は、有機認定機関として国の登録認証を受けています。
> http://www.epfnetwork.org/okome
> 市場には今でも無農薬栽培とか農薬不使用とかいろいろな表示の生産物が並んでいますが、厳密に言えば、有機JAS法で決められた手続きをして認定を受けた農産物や農産加工品のみが有機JASマークをつけられ、有機農産物と認められることになっています。
> みどりの森幼稚園の給食で使用している、白幡さんの米はこの環境保全米ネットワークから有機認証を受けた無農薬無化学肥料の有機栽培米です。この認証をクリアするのにはそれはそれは大変なご苦労があると聞いています。それでも白幡さんは「次代を担う子どもたちのために」環境も守りながら、安心して食べられる米を作ることを一番に考えていらっしゃいます。「おいしい」を超えた米に力をもらっています。

## 郷土料理に親しむ

巻頭口絵で紹介しましたが、子どもたちにはできるだけ郷土料理に触れてほしいと思い、積極的にとり入れています。園で人気の郷土料理をいくつか紹介します。すべて園児のおばあちゃんやお母さんたちから作り方を教えていただ

いたものです。

○おくずかけ（巻頭口絵P8、作り方は巻末レシピP131参照）
　その家庭や地域によって特徴があり、園でよく作るのは仙台市西部作並地区のおくずかけです。精進料理ですので、殺生を禁じるということから、ほんらい肉類は基本的には入れないそうです。今日では場所によっては鶏肉を使用する場合もあるようです。
　たっぷりの具材は幼児の口に合わせて、小さく切りそろえ、食べやすくなるよう工夫します。また、季節ごとに具材は多少変わり、秋にはきのこをたっぷり使い、冬には大根、サトイモ等根菜類が多くなります。気温が下がった寒い日には、鶏肉でだしをとって、身体を温めます。常に12～13種類の具を入れたおくずかけは、さまざまな具材からたっぷりの栄養が出てきます。月に一度給食で出しています。

○柿なます・柿練り（かきのり）（巻頭口絵P3、作り方は巻末レシピP131参照）
　園では、毎年干し柿を作っています。園には柿の木がありませんが、職員の実家からもらったり、園児のおじいちゃんのおうちの庭の実りをいただいたりして、子どもといっしょに一つひとつ皮をむいて作ります。干し柿はそのまま食べることも多いのですが、少し乾燥が進んだものは、酢で戻して、柿入りなますにしていただきます。大根とにんじんの酢の物に、柿を入れることで、自然な甘みが出て、子どもたち大人気の一品になります。
　そして、干し柿で作るもう一品が「かきのり」。子どもたちに大人気の冬のおやつです。

○サンマのつみれ汁（石巻風）（巻頭口絵P6、作り方は巻末レシピP128参照）
　宮城県は良い漁場をたくさんもっていて、秋になると脂ののった新鮮なサンマがとてもおいしいです。給食でも旬の料理"サンマのかば焼き"を子どもたちは喜んで食べます。そんなサンマをもっとおいしく食べたい。昔ながらのサンマのつみれ汁をどうしたらおいしく作れるか？　宮城県の港町、石巻出身のお母さんに相談し、祖々母の代から作り伝えられているつみれ汁を教えていただきました。
　子どもたちは臭みのとれたサンマを「これ肉!?」と言ったり、「ふわふわぁ～！」と何度もおかわりし、驚くほどの食べっぷりでした。

○**宮城県作並地域に伝わる春野菜の煮物**
　春の給食のメニューで、子どもたちにこの季節だけの旬の春野菜をたくさん

食べさせたいと考えました。独特のアクがある春野菜ですが、食べやすくするために、細かく刻んで、わからないようにしてしまうというのもちょっとつまりません。そこで、おいしくいただける煮方を、卒園児のおばあちゃんに教えてもらうことにしました。

　材料は、ふき、ぜんまい、たけのこ。そして、それらを食べやすくするために大根、油揚げ、こんにゃく、それからにんじんと干しシイタケを細かく刻んで入れた鶏肉団子です。作り方のポイントは、次のような手順。まず、各野菜をそれぞれ別々に水から下ゆでし、煮立ったらあげておきます。次にだしと下ゆでした材料を合わせて煮た後、火が通ったら2～3回に分けて醤油を入れます。こうすると煮物の色がきれいに仕上がるのだそうです。みりんで味を調え、下ゆでしたキヌサヤを散らします。

### コラム　宮城の郷土料理

　宮城県は東を太平洋に、西を奥羽山系に囲まれ、新鮮な魚介類と山野の幸に恵まれた地域です。沿岸部ではサンマ、カキ、ホヤなどの季節の魚を、生、焼く、煮るなどに調理し、食卓に出されます。野菜の煮物はどの地方にもありますが、季節の野菜を油で炒めてさっと煮る料理は、宮城の日常の野菜料理のよき伝統です。

　江戸時代の仙台藩の政策「買米制」（年貢を納めた後の残りの米を農家から買い上げる）により、米作りが奨励されていたことから、米は宮城県の主要な作物でした。ただ、米作は盛んでも、農民が米をじゅうぶん食べていたわけではありません。白米のごはんが特別の日にしか食べられなかった時代に、少しの米に雑穀や野菜を加えて、量を増やして作ったのが「糅（かて）めし」といわれる、具の入った味つき飯です。現在も、「はらこめし（鮭とイクラ）」、「かきごはん」、「まいたけごはん」、「山菜ごはん」など、宮城県ではたくさんの具入りごはんが食べられています。「ごはんをしっかり食べる」ことは、日本の伝統的な食事のよさであるとともに、米どころ宮城だからこそ、ていねいに取り組んでいきたい食育といってもよいでしょう。また、「餅」も宮城を代表する郷土料理です。うるち米が幕府の統制下にあったのに対して、もち米は統制外であったことから、ハレの日には餅を食べて楽しみ、人をもてなしてきたとのこと。小豆あん、きなこ、ごま、くるみ、納豆など、宮城には今も50種を超える餅料理があるといわれています。枝豆をつぶして作る「ずんだ」もちは、宮城の夏の風物詩です。

（平本福子）

## みどりの森幼稚園のクラス編成と一日の生活の流れ

### クラス編成と保育時間

|  | クラス名 | 定員 | 保育時間 |
| --- | --- | --- | --- |
| 5歳児クラス | けやき | 35名 | 9時〜14時 |
| 4歳児クラス | どんぐり | 35名 | 9時〜14時 |
| 3歳児クラス | あおむし | 30名 | 10時〜13時 |
| 満3歳児クラス | あおむし | 12名 | 10時〜13時 |

　3歳児は月曜日から木曜日までの週4日、1日3時間の保育です。初めて社会生活を送る子どもたちにはこのくらいの時間がちょうど良いのではという思いでそうしています。クラス名の由来は、3歳児が「いずれみんなちょうちょになあれ」という思いを込めて「森のあおむし」くん。園で一番大きな木がけやきだということから、5歳児を「けやき」さん。それより小さい（どんぐりのなる）木ということで、4歳児を「どんぐり」さんとよんでいます。満3歳児クラスとは、3歳の誕生日の翌日から入園できる制度で、入園後は基本的には3歳児クラスといっしょ（混合）の生活になります。

### 一日の生活の流れ

| 3歳児・あおむしくん | 4、5歳児・けやき、どんぐりさん |
| --- | --- |
| 10：00　登園…自由なあそび | 9：00　登園…自由なあそび |
| 11：30　片付け | 11：30　片づけ |
| 12：00　昼食 | 12：00　昼食 |
| 12：30　絵本・わらべうた | 13：00　わらべうた・絵本・クラス活動 |
| 13：00　降園 | 14：00　降園 |

### 制服、通園バスなしの理由

●制服なしの理由……季節の寒暖、天候やその日の体調にあわせ着るものを調節するという自然な行為は制服があるとしにくいことです。子どもにとって大事なのは、動きやすく、汚れてもすぐ着替えられる着やすい服ということだと考え、制服は決めていません。

●バスなしの理由……幼児期は親子いっしょに登園することがたいせつだと考えています。いっしょにくることで園内のようすやふだんの子どもの姿をかいまみる機会にもなるからです。

# 2 みどりの森の食日記

## おいしくて楽しいあしあと

　みどりの森幼稚園は、再開園以来、「食」にまつわる活動をたくさん行ってきました。それはとりもなおさず、食＝生活であるからです。

　給食づくりの際に、野菜の皮をむいたり、刻んだり。畑で野菜を育てたり。野に出て草や木の実を採取したり。食の活動は、子どもの生活にあふれています。

　園では、こうした「食」にまつわる活動を、ただ栄養を取るための「食」としてではなく、保育の中でおこる子どもの「食」との「出会い」として大事に考えてきました。

　ここでは、7年間の「出会い」の中から、いくつかの実践を紹介します。

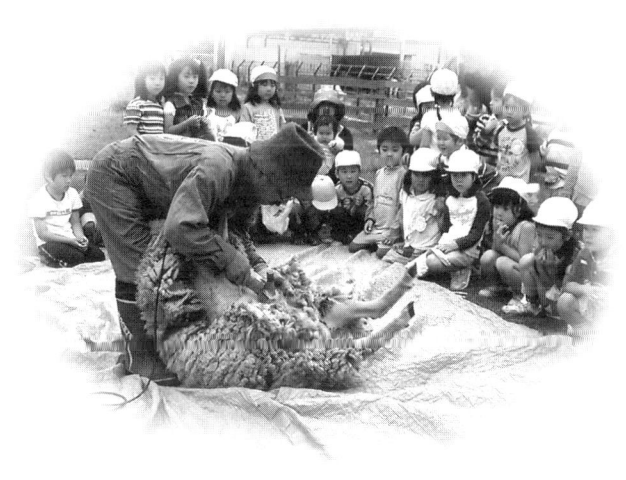

# 1

**ほっとするやさしさ**

†

## みどりの森のミントティー

　4月、保育室や園庭のいろいろな場所から子どもたちの賑やかな声が聞こえてきます。初めての幼稚園で、大喜びで遊ぶ子。一つ大きくなって、小さな子のお世話をしてあげる子。また、なかには「お母さん帰っちゃやだよ〜！」「おうちに帰る」「さびしくなってきた」と初めての園生活にとまどって、お母さんから離れるのがさびしくて泣き出す子もいます。そんな時みどりの森ではミントティー屋さんがオープンします。ミントの葉は、園庭のいろいろなところで見つけることができます。春の暖かい日差しの中青々とした柔らかそうな新芽を摘むたび、清々しいミントの香りが広がります。大粒の涙を流しながら、お母さんの姿を探している子も、先生が摘み取るミントの葉と香りに興味を持ち、小さな指先で、ゆっくりとミントの葉を摘み取り始めます。葉っぱをひとつ取っては涙がポロリ。葉っぱを鼻に近づけては、もうひとつ涙がポロリ。そうこうするうちに、ミントが手のひらいっぱいになっていきます。

　「わぁー、いい匂い」とミントに顔を近づけ、やさしい香りに、ちょっぴり笑顔がのぞきます。さあ、摘み終わったら、いよいよミントティー作り。ミントの葉を洗って、お湯を沸かし、ポットとコップを準備。一つひとつ子どもたちが準備します。ミントの葉を入れたポットの中にお湯が注がれると、だんだんにミントの香りが広がります。「あっ！　いい匂いがしてきたよ」「ポットの中見せて‼」と中をのぞこうとする子たちで、ポットの周りがにぎわいます。この頃にはもう大きな涙も、しくしく泣きもどこかへ行ってしまいます。先生のエプロンの端をぐっと握って離さなかった小さな手も、いつの間にかコップを運んでいます。次にポットの中に紅茶の葉っぱとお砂糖を入れます。これも子どもたちで調節します。各自が自分の一杯を入れていきます。スプーン山盛り一杯の子もいれば、ほんのちょっぴりの子もいます。手についた砂糖は「ナイショだよ」とそのまま口の中。甘い砂糖と先生とのナイショににんまり。そ

| 分量 | 10人分 |
|---|---|
| 水 | 1リットル |
| ティーパック | 2包 |
| 砂糖(好みで) | |
| ミントの葉 | 20枚くらい |

の頃には今泣いたカラスがいっぱいです。でき上がったミントティーをデッキに運び、いよいよミントティー屋さんオープンです。「ミントティーできましたよー！」「いらっしゃーい、いらっしゃーい！」「飲んでくださーい！」と元気な声が響きます。その声に待ってましたとばかりに駆け寄ってくる進級児の子どもたち。「一杯ください」「友だちの分と二つください」と慣れたようすで飲み始めます。ミントティー屋さんも、お客さんといっしょになって春の味を味わいます。「おいし〜い」「ちょっと苦いね」と集まった子どもたちの間に自然と会話が弾みます。そのようすを見ていた泣き虫ミントティー屋さんもにぎやかな雰囲気に包まれていきます。いつの間にか、さびしんぼさんたちもすっかり笑顔になって、自分が作ったミントティーを満足そうに味わっています。

春。みどりの森には毎日のようにミントティー屋さんがオープンします。甘くて、やさしくて、ちょっぴり大人っぽい味です。

## コメント

新学期が始まると、どうしてもお母さんから離れられず、泣いてしまう子どもたちがいます。保護者から離れて初めての社会生活の中で、さびしいという気持ちを自立へのエネルギーへ変えていく力が必要な時期。それをやすやすとなしてしまう子どももいれば、時間のかかる子どももいます。ミントティーの実践はその自立への過程にちょっとした力となった場面ではないかと思っています。自分の小さな力を発揮してつくったお茶をみんなが喜んで飲んでくれる……。そんな経験は自分の居場所を着実に強めていく一つの出来事に他なりません。

春先のまだちょっと冷たい風の吹く中を、青々としたミントの新芽を摘むと、清々しいミントの香りがあたりに漂います。ちょっと甘くて、青臭いミントの香りのお茶を飲むと、ホッとするとともに新しい春の存在を身体ごと感じることができます。「食べる」ことや、「飲む」ことは生きることに直接関わる大切な作業であると感じる瞬間です。

（小島　芳）

## 2

**春の匂いを感じて**

†

# つくしのきんぴらは年長の味

　春。桜が満開になった日をねらって、毎年、けやき（5歳児）組の子どもたちは、初めての散歩に出かけます。近くにある青葉神社の桜の下をくぐって、長い階段を上がる子どもたちの背中はたくましく、年長になった誇りにあふれています。子どもたちと境内でお参りをすませて、それからすることといえば、「つくし採り」。境内の花壇の中に所狭しと伸びているつくしを根元に近いところから一本一本摘みとります。花壇の中ですから、他の花芽を踏んだり、摘んだりしてはいけません。それらを上手にさけてたくさん摘みとることができるのも、けやきになったからこそできるわざ。花壇の中のつくしに手をいっぱいに伸ばして、すっくと伸びたつくしを、根元からポッキリと折ります。ポキッという感触が手の中に残ります。ポキッ、ポキッと折るたびに、手の中がつくしでいっぱいになります。「ほら！　こんなに採ったよ！」「私は100本摘む」と子どもたちからも自然に歓声がこぼれます。春の摘み草はなぜか心を躍らせます。

　つくしが袋いっぱいになったら、幼稚園に戻ります。陽のあたるデッキでハカマとりをするのもまた年長さんの仕事です。日差しは暖かくても、まだまだ冷たい風が吹くデッキで、ハカマとりをします。一本一本ていねいに。ぴりぴりとやさしい音をたてながら、ハカマをはずす。気がつけば、つくしの灰汁（あく）で指先が真っ黒になっています。それもちょっと大きくなった印かもしれません。

　ハカマをとり終えたつくしは、少し水をふって冷蔵庫へ入れて明日の調理の時を待ちます。

　翌日。いよいよ調理。つくしだけではちょっと苦いので、にんじんの千切りと、ジャガイモの千切りをいっしょに加えたつくしのきんぴらを作ります。に

| 分量 | 10人分 |
|---|---|
| つくし | |
| 人参 | 150g |
| じゃがいも | |
| しょうゆ | 大さじ1 |
| 砂糖 | 大さじ1 |
| 酒 | 大さじ2 |
| 油 | 大さじ1 |

んじん、じゃがいもを千切りにするのはもちろんけやきの子どもたち。ていねいに皮をむいて、一本一本千切りを作ります。子どもたちがやるのですから、太いのも細いのもできますが、それもまた味のうちです。

　千切りにしたにんじん、ジャガイモを油で炒めて、砂糖と酒、醤油で味付け、最後につくしを入れます。最後に入れるのがポイント。ちょっとシャキシャキ感が残ったほうがおいしいのです。

　つくしはちょっと苦味がありますが、子どもたちは案外食べます。「春に苦いものを食べると冬の間に身体にたまった毒を身体の外に出すんだって。お薬みたいだね」そんなことを伝えたりもします。ちょっと苦いのがみそです。年長になったからこそおいしいし、頑張ったからこそ味わえるおいしさなのです。

　大地の恵みをそのままいただく体験。つくしのきんぴらは、春の匂いを感じながら、けやきだけが味わえるちょっと大きくなった印の味です。成長したことを確認する、お兄さん、お姉さんの味なのです。

### コメント

　幼稚園の生活の中で、大きな節目となる進級。年中児が年長になるということはそれはそれは大きな事。それまで手の届かない存在だった"お兄さん、お姉さん"に自分たちが代わる……子どもたちにとって、春が来た以上に心を躍らせる出来事です。つくしはそんな子どもたちの気分を知っているかのように、すくすくと伸びて来て、春を知らせてくれます。毎年繰り返すほんの小さな出来事ですが、自分たちの成長を確実に再確認できる時です。

　幼稚園ではどうしてもさまざまな行事でその季節を感じようとすることが多いのですが、ほんとうに季節を感じるとはこのように、自然からもらうものが一番なのではないかと考えています。

(小島　芳)

## 3

**野にも園にも春が来た！**
†
# 緑いっぱいよもぎだんごづくり

　東北地方の長く寒かった冬も終わり、暖かい春がやってくると、自然と気持ちも明るくなってきます。そんな頃、けやき（5歳児）のみんなで、園から歩いて15分ほどの東北大学農学部に出かけます。そこで、羊の毛刈を見せてもらうのです。羊たちは、たっぷりと着込んだ冬のコートを、暖かな春がくる前に脱がせてもらいます。1頭の羊から、なんと畳2畳分ほどの毛が採れます。刈った毛はというと、しっかりお土産にいただいて、園に持ち帰り、紡いで毛糸にしたり、フェルトを作ったりして楽しみます。

　毛刈を見た後は、構内でしばし遊びます。広い構内は農学部らしく、さまざまな樹木が植えられていて、近くの公園で遊ぶよりも発見がいっぱいです。リュックを下ろし、昼食の場を決めて遊んでいると、白つめ草がたくさん生えているところを見つけました。花輪をつくったり、四葉のクローバーを探したりしていると、「先生！　よもぎがあるよ〜」と呼ぶ声がします。「よくわかったね」というと、「葉っぱの裏が白かったからよもぎってわかったんだ」という答えが返ってきました。さすが、けやきです。昨年、よもぎ摘みをした時のことを覚えていたのです。

　一人の子が「よもぎだんご作ろうよ」といいました。そうなれば、さっそくよもぎ摘みの始まり始まり。新芽の柔らかい部分を袋いっぱいに摘んで園に持ち帰ることになりました。

　さて翌日。近くのスーパーに材料を買いに行くグループと、よもぎを茹でて下準備をするグループに分かれて、よもぎだんご作りのスタートです。

　本日のだんごは、豆腐を入れるヘルシーだんご。上新粉と豆腐を買って園に戻ると、給食室にはもうよもぎの匂いがいっぱいになっていました。包丁でよもぎを叩く「トントン」という音。スリコギでよもぎをする、「ゴリゴリ」という音。二つの音が園内にリズミカルに響きます。「きれい！」買い物に行っ

| 分量　20人分 |
|:---|
| (20個) |
| 上新粉　　　250g |
| 豆腐　　　　1/2丁 |
| 砂糖　　　大さじ2 |
| よもぎ・水　各適量 |
| 塩　少々(湯がき用) |

ていたグループの子がすり鉢の中を覗き込んで声をあげました。塩を入れ茹で上がったよもぎの葉はいっそう緑が濃くなっていて、とてもきれいな色になっているのです。

そんな給食室の一角で、ポットや砂糖を準備している子がいました。「何しているの？」とたずねると、「よもぎティーだよ」との返事です。緑があまりにも鮮やかなので、ミントティーならぬ、よもぎティーを思いついたとか。確かに、濃い緑は美しい。でも味はどうかしら？？？

さて、上新粉に水を加え、耳たぶくらいの硬さまでよく練ります。これがなかなか難しい。水を入れすぎるとべちゃべちゃになってしまうし、手には粉がべっとり。「もっと粉ちょうだい」「お水を少しずつ入れて！」と子どもたちは声を掛け合いながら、少しずつ調整していきます。ある程度まとまったら、水切りした豆腐と、すり鉢でよくすられたよもぎを入れて、再度混ぜ合わせていきます。豆腐を握りつぶす感触に「うわぁ〜！」と思わず上がる歓声。「気持ちいい」という子もいれば、「気持ちわる〜い！」「ぐちゃぐちゃだあ〜」という子もいます。それぞれの感想を言い合いながら、混ぜ合わせていきます。最初はまだらだった緑色が少しずつ混ざり合い、全体がきれいな薄緑の草色になったら出来上がり。最後は「固すぎない？」「柔らかすぎない？」とお互いの耳たぶを触って確認。ちょうどいい具合なのを確かめて生地の完成です。

それから形を作って茹でていきます。丸いだんごはもちろん、へびのように長いだんごや、ぺちゃんこにつぶれた小判型のだんごなんかもあります。沸騰したお湯に入れて、3〜4分待つと、だんごがぷかぷかと浮いてきます。そうすればもう出来上がりです。「あっ！　浮かんだ」「早く取って！」と大忙しです。茹で上がっただんごは「あつい、あつい」といいながらすぐに口の中に入れてしまいます。「草の味だね」と笑顔がこぼれます。

すべて茹で上がったところで、子どもたちは、だんごをしっかり抱えて給食室を飛び出していきます。「だんごはいかがですか〜」と職員室や、どんぐりさん（4歳児）、あおむしくん（3歳児）の部屋へと運んでいきます。
　園庭にいる友だちの口にも入れてあげながら、「けやきが作ったよもぎだんごだよ。ねっ、おいしいでしょ？」と聞いて回ります。自分たちが作った春の味は、また一つ心を暖かくしたようでした。

　さて、ミントティーならぬ、よもぎティーはというと……。春の味……なんてものではなく、ただただ「苦〜い」だけ。けっきょく、飲めた子どもは一人もいませんでした！　残念！

＊ミニアイディア
　アレルギーへの対応として、だんご粉（餅粉）が使用できず、上新粉（うるち米粉）のみを使用したため、ふんわり感をだすために、豆腐を加えました。

## コメント

　地域の環境を最大限に使って、子どもたちにさまざまな体験を実現させているみどりの森幼稚園。園そのものは、市街地の幼稚園の多くが抱える環境条件と同様、決して広い園庭があるわけでもなく、豊かな自然に囲まれているわけでもありません。それでも、この園の子どもたちは、よもぎの葉もミントの葉もしっかりと見分けることができますし、羊の毛を紡いだ毛糸で遊ぶことの楽しさも知っています。自分たちで見つけて、摘んで、すりつぶして作り出したよもぎだんごの味を知っている子どもは、季節の味を味わうことの楽しさと豊かさを感じているに違いありません。子どもたちの中に芽吹いたこうした感覚は、やがて夏が来て畑に真っ赤なトマトがなることの喜びや、秋が来て園のもみじが色づくことへの興味へもつながっていくことでしょう。
　彼らのそうした実感に基づいた体験こそが、子どもの「学びの世界」を広げているように思います。

（磯部　裕子）

## 4

**初夏はやっぱりカキ氷から**

†

# イチゴシロップづくり

　園の庭にはイチゴの苗が植えてあります。季節になると白い花が咲いて、小さな実がなります。赤くなると目ざとい子が見つけて、すぐに食べてしまうので、なかなかみんなで楽しむというわけにはいきません。そこで、みんなで楽しめる方法はないかと考えて「イチゴのシロップ」を作ることにしました。

　梅雨の時期に入った６月、部屋の中で過ごす日も多くなったある日。庭のイチゴも少し赤くなり始めていました。さっそくシロップ作り開始です。もちろん園のイチゴだけではたりないので、買ってきたイチゴも追加します。イチゴを軽く洗って、ヘタを取ったら、一粒一粒ビンの中に入れます。さらにそこへ一人ひとさじずつ砂糖を振りかけます。「先生、これで出来上がりなの？」いえいえ、まだまだシロップは完成ではありません。

　それからは子どもたちがビンを眺めるのが日課になりました。「おいしくなあれ！　おいしくなあれ！」と唱えながら観察します。だんだんに砂糖とイチゴが溶け合っていくようすや、びんの底に赤いシロップが溜まっていくようすを毎日しっかり観察しています。シロップが早くできるように、ビンを持って「おいしくなあれ！」と唱えつつ、びんの中の砂糖とイチゴを混ぜる作業も、ビンの重さが気にならないほどの熱心さです。毎日変化していくイチゴの姿にシロップが出来上がる日がますます待ち遠しくなっていきます。どんぐり（４歳児）だけの秘密のシロップ作りです。けやきさん（５歳児）や、あおむしくん（３歳児）にはもちろんナイショ。「ねえねえ、このビンの中に入っているこの赤いのはなあに？」と興味を持って聞いてくるけやきさんたちに「なんでもない！　なんでもない！」と顔を見合わせて、ニヤニヤ。特別な活動の多いけやきさんに"どんぐりだけの秘密のこと"を自慢できるのが、とても"特別"なことなんです。

　砂糖の姿がすっかり見えなくなり、イチゴのシロップが完成に近づきました。

みどりの森の食日記

赤い透明なトロリとしたシロップは見ただけでおいしそう。「そろそろできたんじゃない？」「どうやって食べる？」という声が子どもたちからも沸いてきます。

　そこでどうやって食べるか相談です。ジュースで飲む。うんうん。それではアッという間になくなりそう。お菓子を作る。うんうん。シロップはお菓子には使いにくいかな……。いろいろ案がでましたが、アユトが「カキ氷のシロップは？」と提案してくれました。それにはみんなも大賛成。ちょうど暑い日が続いています。せっかくだから「カキ氷屋さんを開いて、幼稚園中のみんなにご馳走しようか！」という話になりました。

　当日……。近所にある氷屋さんから大きなカキ氷機を借りて来て、どんぐりカキ氷屋さんの開店です。氷を削る子、シロップをかける子、「いらっしゃい、いらっしゃい！」と掛け声を出す子と、みんな大忙し。イチゴ味のカキ氷は大人気であっという間に売りきれました。

　じっくり時間をかけて出来上がったイチゴのシロップ。甘くて、ちょっと酸っぱくて、カキ氷にぴったりの初夏の味でした。

### コ(メ)(ン)ト

　「待ちきれない」……今の子どもたちは一体こんな思いを持つ機会があるのかなと思うことがあります。なんでもすぐに手に入ってしまう今は、指折り数えて待つなんて経験はなかなかありません。ファーストフードを食べ慣れている子どもたちに、素材から出来上がる食べ物を体験してほしくて、このシロップ作りを行っています。

　砂糖がゆっくりと溶けながら、だんだんシロップになっていく過程を子どもたちは楽しみに「待ちます」。それはそれはわくわくする、心踊る「時間」です。子どもたちがふだん持っている「待つ」は楽しみの要素よりも我慢しなければいけない要素のほうが強いのではないでしょうか。「もう少し待っててね！」と待っていることを繰り返し求められ、忙しい「時間」の中で「早く早く」とせかされる。そんな時間の使い方ばかりの子どもたちに、「待つことが楽しい」と思える体験をしてほしいと思っています。このイチゴシロップはカキ氷のシロップになったり、パンケーキのシロップになったりします。待ったなりの楽しみが待っている……そんな体験に結びつけています。　（小島　芳）

## 5

### 園庭にはえたなぞの蔓(つる)？

# ふわふわお好み焼き

みどりの森幼稚園の園庭はボコボコしていて雑草だらけ。子どもたちがいつでもどこでも掘っては埋め、また掘りだして遊ぶのですから、このボコボコは、子どもたちが今日もたっぷり遊びこんだ勲章のようなものです。そんな園庭に、ある日一本のつるが出ているのを子どもたちが見つけました。

「先生、なんかのつるがあるよ」園庭の片隅であおむし（3歳児）の女の子がつるを発見しました。「うんとこしょ、どっこいしょ」力いっぱい引っ張ってみますが、なかなか抜けません。「ねえ！ みんな手伝ってー」友だちを大勢呼んで来て、また引っ張ってみます。出てくるのはどこまでも続くつるばかり。いったいこのつるの正体は？ どうしても抜きたい！ そんなみんなの気持ちが一つになって、もう一度思い切り引っ張ってみました。「うんとこしょ！ どっこいしょ！」すると、ポ〜ンと抜けたつるの先についていたものは、なんだか根っこにしてはちょっと太い。切れたはしっこはなんだか白くて食べられそう。「先生、これお芋？ 食べられるの？」と一人の子が聞きました。「う〜ん。たぶんこれって山芋かなぁ」と答えると、すぐに「知ってる！ 知ってる！」という声があがりました。

おうちで食べたことがある子が何人かいたのです。「園長先生に、食べられるか聞いてみようか」というと、何人かの子たちが職員室へ聞きに行きました。するとやはり「山芋だよ」との返事。それならさっそく食べてみようということに話はまとまりました。みどりの森幼稚園は食いしんぼ幼稚園です。食べられるものならなんでもすぐに食べてみる。食べることなら、みんなの考えがひとつになります。しかし3歳の子どもたち30人が食べるには、とてもたりる大きさではありません。でも子どもたちは「食べたい！ 食べたい！」「何して食べる？」と大興奮。つるを抜くためにかけた情熱（!?）と「食べてみたい」という意欲（!?）に大人はかないません。「どんなお料理にしようか？」と子

どもたちに相談すると、「天ぷら」「そのまま食べる」「とろろごはん！」といろいろなアイディアが飛び出しました。とろろごはんにヒントを得て、小さな山芋でも、すり下ろしたら30人でも食べられるかも……と、「お好み焼きはどう？」と担任が提案。ちょっとの量の山芋でもそれならみんなで食べられそうです。

　さっそく「幼稚園の庭で掘った山芋入りお好み焼き」を作ることにしました。材料は粉とキャベツと桜エビ。それと園で飼っているニワトリの産みたて卵。掘り出した山芋の黒茶色の土を洗い落とし、皮をむきます。すると中から白いお芋が出てきました。じゃがいもや、さつま芋の黄色を思い浮かべていたのか、皮との色の濃淡に驚いたのか、「うわぁ～中は白いよ!!」と子どもたちが目を丸くしていました。

　すりおろした山芋はトロリとボウルの中に落ちました。「このトロトロが、ふわふわになる秘密だよ」と話すと、頭をつき合わせてボウルの中身をのぞいていました。

　さて、一人ずつお玉ですくって、自分のお好み焼きをホットプレートにのせます。「もういいかなあ？」「いいにおいがしてきたよ」「ふくらんできたね」ワクワクしながらのぞきあって、お皿を準備。なかなか抜けずに苦戦しながら、友だちのお腹に手を回して一生懸命引いている時の顔、抜けた時の笑顔、焼き上がりを待つ時のドキドキした顔……。さあ、食べたときの顔はどんな顔かな？　大人は「庭で採れた山芋っておいしいのかな？」とこちらもドキドキ。

　湯気がたっている焼きたてのお好み焼きの上に薄くソースをかけてかつお節をのせると、「わぁ～、かつお節が踊ってるよ！」という声が聞こえました。

　ほかほかのお好み焼きを一口ほおばっては、「おいしい」「ふわふわだねぇ」と何度も何度も繰り返し話す子どもの顔は、自分たちが発見して、自分たちが収穫して、自分たちが料理して食べるというすべて自分たちでやり遂げたという満足感に満ち溢れていました。いつも遊んでいる園庭の片隅に発見した山芋を、自分たちで収穫し、食べるという体験はまさに「原始」の「食べる」という体験でした。

\*ミニアイディア

　お玉一杯分を一人分として作りました。大きさはおよそ大人の手のひら大になります。子どもたちが自分でフライ返しでひっくり返すことができました。

| 分量 | 10枚分 |
|---|---|
| 小麦粉 | 100g |
| キャベツ | 400g |
| 桜エビ | 大さじ2 |
| 卵 | 1個 |
| 山芋 | 適量 |
| 水 | 適量 |
| ソース・かつおぶし・青のり | 適量 |

みどりの森の食日記

## ⓒⓜⓝⓣ

　日本では第二次世界大戦後、経済が大きく発展していくなかで、食物の生産の場と食卓（消費）が急激に遠くなりました。今では、魚の丸のままの姿を知らない子や、大根やニンジンが土の中で育つことを具体的にイメージできない子が少なくありません。このような現状に対して、近年の食育では生産から食卓までを視野に入れて食の営みをとらえることが提言されています。

　みどりの森の「ふわふわお好み焼き」では、自生の山芋を掘り、お好み焼きを作るのですから、生産（栽培）以前の食の営みを体験しています。「いつも遊んでいる園庭の片隅に発見した山芋を、自分たちで収穫し、食べるという体験は、まさに『原始』の『食べる』という体験」と文中にあるように、偶然見つけた山芋を子どもたちが「何して食べる？」とあれこれ話し合っているようすは、まるで原始の人々がはじめて出会った食物の食べ方を話し合っているようです。

　この実践から、何千年の時が流れても変わらない食の営み（食べ物をみつけて、食べる）があり、幼児期の子どもはその世界にすんなり入っていける感性をもっていることに気づかされました。

（平本　福子）

## 6

### ぼくたちばっかりおるすばん!?

† 

# おるすパン（米粉のクレープ）

　ある日、年長のけやきと年中どんぐりが、いっしょにお散歩に出かけました。残されたあおむし（3歳児）の子どもたちは、ガラーンとした庭を独り占めして、思う存分遊び始めました。けれども、散歩に出かけていく大きい子たちを見ていた子どもたちから、「どんぐりさんとけやきさんだけずるい！」「おさんぽいきたい！　ずるい！　ずるい！」という声が聞こえてきました。「確かにずるい……かも」と担任もなんだかそう思えてきました。でも、散歩に行くには、ちょっと大人の手がたりない。「それじゃあ、あおむしくんだけで、もっとずるいことしちゃおうか！　そうだ、おいしいものを食べようか」と提案しました。すると子どもたちも大賛成。

　さっそく何か材料はないかと給食室へいってみました。給食の先生に「すぐに食べられて、散歩から他の子たちが帰ってくる前に食べ終わることができるおいしいものを教えて」と頼むと、「米粉と卵と砂糖を水で溶いて、ホットプレートで焼いて、メープルシロップをぬると、おいしいクレープができるよ。それならすぐだから、けやきさんにもどんぐりさんにも内緒にできるよ」と教えてもらいました。いつもおいしい給食を作ってくれている厚美先生の信頼は絶大。即決でその米粉クレープを作ることに決まりました。

　材料をそろえてもらって、後はすべて子どもたちが。粉をボウルに入れる子。卵を割って入れる子。コップに水を汲んできて入れる子。泡たて器でかき混ぜる子などなど。それぞれに役割を決めて、料理開始です。

　始めは、給食の先生から教わったとおりの分量で進めていたのですが、水係りのコウキが、勢いよくジャーと注ぐと、あれあれ！　2倍くらいの水が入ってしまいました。思わず悲鳴を上げる担任。凍りつく空気……。いえいえ大丈夫。そんな時はまた、倍の粉と卵とお砂糖をたせばいいのです。たくさんできていいじゃない？　材料が入ると、次は泡たて器で混ぜます。ぐるぐる混ぜて

| 分量 | 10枚分 |
|---|---|
| 上新粉 | 40g |
| 卵 | 1個 |
| 砂糖 | 10g |
| 水 | 80cc |
| メープルシロップ | 適量 |

いくうちに、ようやく生地が出来上がりました。あらかじめ温めておいたホットプレートに生地を流します。子どもたちは焼きあがるようすをじいっと見つめながら待ちます。「いいにおーい！」「早く食べたい」「まだー？」などといって待つ子どもたちの頭の中には、散歩にいっちゃった年中さん年長さんをうらやましがる気持ちなんて消えているようでした。

　焼けた生地をお皿に移し、メープルシロップをかけます。甘くていい匂いが漂うと、子どもたちがもう待ちきれなくて集まってきました。メープルシロップが机の上にポタポタとこぼれると、すかさずそれを指でぬぐってなめる子たち。「あっ！　ずるーい！」となめられなかった子たちからブーイングです。サービスでこぼしてあげると、一人ひとり順番にこぼれたシロップをなめています。

　そうこうするうちに、クレープが出来上がりました。くるくる焼いたクレープを食べやすい大きさに切って、シロップをかければ出来上がり。この子たちはシロップのほうが好きなのかも？……と一抹の不安を抱いてしまうほどに、シロップに夢中の子どもたちでしたが、クレープの味はまた格別。次の生地を焼く間も「シロップなめ」は続き、クレープが焼ければペロリと食べる……そんな作業の繰り返しでした。その間、だれ一人としてホットプレートから離れません。（これぞ食欲！）出来上がっても、出来上がっても、すぐに食べてしまうので、常にお皿はからっぽでした。倍になったはずの材料は、全部なくなりました。後には空っぽのホットプレートと、空っぽのお皿と、空っぽのメープルシロップのビンだけ。

「先生またあのパン作ろうね」と口のまわりをシロップだらけにしながら、子どもたちが口々に言いました。そういえばいつの間にか薄い生地が分厚くなって、パンみたいだったなあ。お散歩に行かずにお留守番……。お留守番ならぬ「おるすパン」でした。お粗末さま！

＊ミニアイディア
　生地を少し寝かせて（20分〜30分）なじませてから焼くと、おいしくできます。

## コメント

　お兄さんお姉さんのお出かけが、あおむしくんたちに、思わぬプレゼントをしてくれたのですね。テーブルにたらしたメープルシロップをサービスするなんて、この園の保育者には、「なめてはいけません！」と注意する発想など、これっぽっちもないのですね。「お行儀悪い！」「不衛生！」とお叱りを受けそうですが、そういう大人たちも、かつて子どものころには、大人の目をぬすんで、「ペロリ」とやったことが一度はあるはず。そんな子ども心にとことんつきあう保育者の姿勢を感じます。園のルールや約束は、何のため、誰のためにあるのでしょうか。すでに決められたルールがあると、それが「あたり前」になって、検証の必要さえ感じなくなっていることがあります。ルールが先行した教育は、「教師にとって」都合がいいに決まっています。でも、これでいいのでしょうか。そこに立ち返ることが必要ですね。

（磯部　裕子）

## 7

### 「夜の幼稚園」特別メニュー

† 

# 米粉バナナパンケーキ

　どんぐり（4歳児）の夏のお楽しみの一つは「夜の幼稚園」。けやきさんになると、幼稚園に泊まる「お泊り会」がありますが、どんぐりではまずは夜の幼稚園を体験します。いつもけやきさんの特別な活動を横目でうらやましそうに見ているどんぐりですが、今日はどんぐりだけの特別な夜。幼稚園も独り占めなら、先生たちも独り占め。それに夜に園に来るなんて、ちょっとドキドキします。おまけに晩ごはんをどんぐりだけで食べるので、なんだか秘密のパーティみたいです。本日の夜の幼稚園のメニューは「米粉のパンケーキ」。ふだんの給食は和食が中心ですが、今日ばかりは違います。何しろ秘密のパーティなんですからね。まずは、さっそくニワトリの卵を確認します。今日生んだ卵を使うと、それは新鮮で、格別においしいはず……。毎日毎日、卵を採りに行くのが日課になるくらい、ニワトリが卵を産むのを楽しみにしている子もたくさんいます。今日はそれを使ってパンケーキを作るのですから、喜びも倍にふくらみます。

　朝、みんなでニワトリ小屋に見に行くと、産みたての卵が一つありました。「あっ！　あった、あった！」と歓声が上がります。一人の子がそっと卵を手にすると、みんながその子の回りに集まって、じっと卵を見つめます。いつも見慣れているはずの卵も、今日は宝物のように感じられます。

　さっそく卵を使って調理開始。まずはとりたて卵が一個。そしてこの日のためにためておいた卵、分量の上新粉、ココナッツミルクとお水、それとバナナをつぶして、よく混ぜます。

　一人ひとり、炭火で熱した大きな鉄板にできた生地を流しこみ、良い具合に焼けたら、ひっくり返します。焼きあがったら、チョコチップ、チョコスプレー、ナッツ、バナナ、ブルーベリー、イチゴシロップをお好みでトッピングします。イチゴシロップはどんぐりの子どもたちのお手製。生クリームの中にイ

| 分量 | 8枚分 |
|---|---|
| 上新粉 | 1カップ |
| バナナ | 2本 |
| ココナッツミルク | 1/2カップ |
| 卵 | 2個 |
| 砂糖 | 小さじ1 |

チゴシロップを混ぜて、やさしいピンクのクリームもできました。「私が作ったシロップ？」「イチゴのクリームおいしいね！」と大人気です。

　一枚食べ終わると、さっそく次の一枚に。バナナとクリームだけで、シンプルなトッピングで終わりの子もいれば、バナナとブルーベリーで目を作り、イチゴジャムの口、生クリームの髪の毛……かわいいパンケーキの顔を作る子。パンケーキ、バナナ、クリーム、その上にまたパンケーキ、バナナと重ねて3段ケーキを作る子、とにかく急いで全部のせて、大慌てでかぶりつく子、隣りの友だちのトッピングを横目で見ながら「それいいね！　次やってみよう」「また、お代わりしに行こう！」と子どもたちの個性的な挑戦は続きます。

　たくさん用意したパンケーキの生地も、トッピングの材料もすっかりなくなって、残るはナッツのみとなりました。いつのまにか薄暗くなった園庭。あれっ⁉　夕方園に来るなんて、ちょっと不安だった子も、今はもう満足そうな笑顔で、お皿の上の最後のチョコスプレーをつまんで食べています。

　いつもと違う特別な夜のパーティー。クリームや、チョコレートとふだん園では食べられないようなものばかりの甘〜い夕食。ミントティーやフルーツポンチも準備して、ちょっとおしゃれな"みどりの森カフェ"を開店する予定だったのですが、パンケーキにかぶりつくその姿ときたら、おしゃれなカフェには程遠く、お代わり自由の「食べ放題〜！」という感じ。まぁ、いいか！

## コメント

　みどりの森では「行事に振り回されることはしたくない」という思いから、決まった行事はできるだけ持ちません。一度持つとどうしても「今年はどうする？」と形骸化していき、その行事が持つ本来の意味を失っていくことが多くあります。また昨年よりも見栄え良くとか、保護者におもねる方向に傾いていく危険もはらんでいると思うからです。年々そのような行事が増えていき、教師も子どもも疲れ果て、保護者までもが疲弊していくという幼稚園の現状をこれまで多く目にしてきたからでもあります。ただ、そうはいっても「これはどうしても子どもと経験したい」という行事はいくつかあります。「夜の幼稚園」はまさにその一つ。いつも「年長の次」に甘んじている年中さんたちが、「今日だけは特別」な夜を過ごす。ふだんは園で食べることのない「甘〜い」デザートのオンパレード。日常生活では味わえないからこそ、ハレの日を全身で感じることのできる心躍る時間になるのです。

（小島　芳）

## 8

**早いもの勝ち!!**
†
# 庭になる実

みどりの森幼稚園の庭には、食べられる実のなる木がたくさん植えられています。一番陽の当たる南側にはジューンベリーがあります。6月に赤くなるこの実に気がついた子たちは、一つ赤くなるのを待って、友だちと順番に「今日は私ね」と分け合って食べます。他の子どもたちに採られないように、朝早く登園して、甘酸っぱい実を枝から宝物のようにとって口に運ぶ子どもの顔は笑顔でいっぱいになります。

庭の片隅に植えてあるスグリの実は、7月初めに実をつけます。雨に濡れた後のスグリの実は房になって下がり、赤いルビーのようで、とてもきれいです。毎年赤くなったことをよく知っている子がいて、そろそろ食べごろだなと思った頃にはなくなっています。

梅雨が終わる頃には、ラズベリーとブラックベリーが熟して食べごろになります。最初緑色の実を付けた時に気づいた子が、「先生あそこに実がなってるよ」と教えてくれます。「紫色になったら食べられるよ」と伝えると、毎日毎日確認し、「まだかな、まだかな」と待っています。ようやく熟してくると、よく熟れた実から順番になくなっていきます。見つけたもの順です。時には鳥のほうが先に見つけて食べられてしまうこともありますし、毎日見守っていても、食べられない子もいるのです。がっかりした子に「今度はこれがおいしくなるよ」といって励まします。

夏の終わりには、ブドウ棚のブドウが順番に紫色に変わります。2学期になったばかりの暑い日。ブドウ棚に一番近い部屋のあおむしの子どもたちがブドウを見つけました。紫の甘いブドウを食べた子どもたちの口から「おいしい!!」と感嘆の声が上がります。最初は手が届く高さのブドウを採って食べていましたが、だんだんに手が届かなくなってくると、今度は椅子を棚の下に運んで、必死で手を伸ばしています。そんな作業で暑くなったのか、上半身裸になって

ブドウを食べています。気がつくと、緑色のまだすっぱいブドウもみんな食べていました。

　夏に小さな白い花をたくさんつけて、いつの間にか丸い黄緑色の実がたくさんなり、10月に入ると茶色に変わるのは、ナツメです。小さなナツメは食べると梨のような味がしてとてもおいしいのです。ナツメは「その年のけやき（5歳児）が食べる」と初めて実をつけた時に決めました。まだ、ほっそりとした小さなナツメはそんなにたくさんは実をつけません。ナツメを食べるなんて経験はなかなかできないので、できればこれはみんなで経験したいと、ルールを作りました。けれどもこれも自然の恵みです。たくさんなる年は、けやきだけでは食べきれません。そんな時はもちろん他のクラスにもおすそ分けします。夏が寒くて、おまけに台風の風でたくさん落ちてしまった年は、7つのナツメを30人で分けたこともありました。少しでも食べられた子どもたちは「梨みたいな味がする」とうれしそうです。

　ナツメの隣には、ザクロの木があります。植えてから3年ですが、毎年3つか4つ、実をつけます。さてこのザクロをどうやって食べるかが、毎年問題になります。毎日毎日食べてみたくて待っている子どもたちに、「まだだな～」「もう少しね～」と十分熟して、パカッと割れるまで待つことを教えます。そしていよいよという日になると、脚立を出してうやうやしくザクロをもぎます。このザクロをもぐ栄誉は、一番がんばる子に与えられます。脚立の一番上に上り、そこからさらに棒でざくろを落とすのはなかなか勇気のいる仕事です。高い枝に手を伸ばし、ザクロを落とした子が、木から下りてきた時の顔は誇らしさでいっぱい。食べると、すっぱいような甘いような、ちょっと不思議な味がします。

　卒園児の子が記念に植えた2種類のりんごも、小さな実をつけました。「赤くなったらみんなでりんご飴をつくろうか」と話していましたが、ちょうど食べごろの一歩手前で、りんごが大好きな女の子が採って食べてしまいました。赤くなるタイミングをよく知っているのです。このすばやさには大人はかないません。

　アケビも植えて4年目の今年、初めての実をつけました。ぱっくりと割れた実をけやきさんがみんなで一口ずつ味見をしました。「うえ～っ！　まずーい」という子と「おいしい!!」という子。味については賛否両論です。でも、来年はなるかどうかわからない、再び味わえるかはわからない、貴重な味なのは間違いありません。

さて、庭の隅に7年前の卒園記念に植えたゆずの木が植えてあります。アゲハが食べるから、蝶が来る庭になるようにと、植えてくれたものです。蝶だけじゃなくて人間も楽しみたいと思って毎年楽しみにしていますが、ちっとも実がなりません。よく話を聞いたら「桃栗3年柿8年、柚子の大ばか18年」というそうです。これでは待っても待ってもならないはず。さぁて、10年後が楽しみです。

### コメント

　みどりの森は、決して自然豊かな場所に位置しているわけではありませんし、特別広い園庭があるわけでもありません。そうした限りある環境の中にあっても、保育者たちが、こんな環境にしていきたいという願いを持ちつつ、一本また一本と木を植えて、今日の環境が作られてきました。

　それぞれの木は、その木にとって適切な時期になると、実をつけます。子どもたちはその最適な季節をしっかり感じながら、その実をいただきます。それぞれの木は、決して子どもたち人数分の実をつけるわけではありませんし、保育者の保育計画通りに熟すわけでもありません。自然のもたらす恵みは、人間が作ったちっぽけな計画を、はるかに越えた物語を子どもたちに伝えているようです。

　「みんなで手をつないで走れば、みんなが一等賞！」という運動会は極端な例だとしても、教育や保育の世界では、平等であること、ルールを守ること、規律を正すことなどがその本当の意味を検討されることなく、自明なこととして、実践されています。「早い者勝ち！」なんて、わくわくするルールは、いまや教育界では通用しないルールになりつつあります。

　ちょうど食べごろの一歩手前で、りんごを食べてしまった女の子を、保育者も周りの子どもたちも笑顔でつつみこむこの実践には、人間が作りだした制度のなかに組み込まれた「教育」では実現できない、自然の一員としての人と人とが織りなす教育の物語が息づいているように思います。　　　（磯部　裕子）

## 9

**大きな大きなぐるんぱのビスケット**

†

# りんご入り米粉ビスケット

　子どもたちの大好きな『ぐるんぱのようちえん』（福音館書店）。読み終えたある日、子どもたちから「ぐるんぱの幼稚園に行ってみた〜い」と声が上がりました。さっそくぐるんぱの幼稚園ごっこのはじまりはじまり。絵本の中でクーさんの作る「大きな靴」をダンボールで作ったり、「大きなスポーツカー」を組み合わせた椅子で作ったり。子どもたちと毎日「ぐるんぱの世界」で遊びました。

　「あとは大きいビスケットを食べるだけ」「でもあんなに大きいビスケットは作れないよ」と子どもたち。う〜ん……。それでもなんとか大きいビスケット作ってみたい‼　「よし、じゃあ、つくろうよ！」と２日後に作ることを、担任は子どもたちと約束してしまいました。

　とにかく大きいぐるんぱのビスケット。絵本にはぞうのぐるんぱの顔より大きなビスケットと書いてあります。いったいどうやって作ればよいのでしょう。オーブンで焼けるのはせいぜい30cm大。それでは"大きな大きな"とはいいがたい。それともう一つ大きな問題があるのです。園には小麦アレルギーの子がいるため、材料に小麦粉は使えません。それにバターや牛乳、卵もアレルギーの子がいてダメ。はたしてこれでビスケットができるのでしょうか⁉

　そこで考えたのが「米粉ビスケット」。小麦粉がダメなら、米粉を……というところですが、ここでもまた問題発生。米粉にはグルテンが入っていないため、ふくらし粉（ベーキングパウダー・重曹）ではふくらみません。粒子も細かいため、そのまま焼くと固くなってしまいます。それにバターや卵も使えないとなれば、味も素っ気もないただの米粉堅焼きパンみたいになってしまいます。そこでまたまた考えたのが「りんご入り米粉ビスケット」でした。すりおろしたりんごを加えることで、やわらかく仕上がります。それに米粉ですから栄養価も小麦粉よりは高いのです。

| 分量 | 10人分 |
|---|---|
| 上新粉 | 130 g |
| 砂糖 | 75 g |
| A1マーガリン | 40 g |
| （アレルギー用） | |
| りんごのすりおろし | 1個 |
| （内1/4は果肉を細くしたもの） | |
| 油、水 | 適量 |

もちろん、オーブンでは限界があります。そこで、大きな鉄板を使って、炭火で焼けば、大きな大きなビスケットができそうです。

とはいっても、こんなに制約が多くて本当に上手に焼けるかな？　大人の心配はよそに制作当日、子どもたちは張り切って登園してきました。さっそく火おこしの準備です。子どもたちもかまどのブロック運びを手伝ったり、庭の枝拾いをしたりしながら、準備に参加します。新聞に火をつけると、「わあ！燃えた、燃えた！」と歓声が上がりました。しかし、前日の雨で木が湿っていたせいか、火がなかなか炭に移りません。なんとか熾き火になったのはお昼まじか。煙で目を痛くしながら、一生懸命火起こしを頑張りました。

午後になって、ビスケットの生地作りです。まず粉をいれ、水を加え、砂糖とりんごをいれます。順に一人ずつ混ぜていると、子どもたちから「おいしくなーれ。おいしくなーれ」と掛け声がかかります。すっかり混ざって固まった生地を一人ひとりに渡して、それを縦100cm横80cmの鉄板に平らに伸ばします。ていねいに一人ずつ、生地を鉄板にのせていくうちに、みんなの生地がつながって、どんどん大きくなっていきます。みんなの生地が一つになると、直径50cmくらいになりました。いよいよ鉄板を炭火にのせます。待っていると、こんがりいい匂いがしてきます。最後の難題は、「フライ返し」。こんな大きな生地をひっくり返すフライ返しはどこにあるというのでしょう？　いえいえ、子どもたちにとっては、そんな問題は朝飯前、いやおやつ前？　あっという間に、ダンボールにアルミホイルをはった「特製フライ返し」が完成です。それでひっくり返すと良い焼き色がついておいしそうなビスケットになってきました。焦げ目もつき、端からサクサクになってきたら出来上がりです。ビスケットを

一人ひとりの大きさに分けて、紙に包んでいただきました。ぐるんぱの絵本みたいに「何人で食べても食べきれない」大きな大きなビスケット。口にいれるとサクッとしていて、ふんわり甘くて、ちょっと甘酸っぱくてあったかい。それはぐるんぱみたいな味でした。

＊ミニアイディア
　やわらかさを出すために、りんごのすりおろしと、刻んだものを両方加えています。

## コメント

　お気に入りの絵本の物語を、ごっことして遊びの世界に展開していく子どもたち。保育者は、こうした子どもたちの遊びの世界に、時に仲間入りし、時に環境を用意して、その世界を援助します。子どもたちは、ダンボールで作ったクーさんの靴も、サーさんの皿も本物のそれとみたてて遊びます。それがダンボールであろうと、椅子を組み合わせただけのものであろうと、子どもたちのみたての世界は、広がります。なりきったり、みたてたり。そこに再現される世界が楽しいのです。

　でも、この活動の最後の場面のビスケットだけは、どうしても「本物」で再現したくなったのですね。それは、この絵本の世界をたっぷり味わった子どもたちだからこそ求めた「本物」だったのかもしれません。

　失敗ばかりのぐるんぱも、最後の最後になって、やっと仲間に出会い、居場所を見つけます。子どもたちがほっとして、うれしくなる場面です。そんなぐるんぱの気持ちに共感した子どもたちにとっては、ビスケットはなくてはならないごっこの要素です。

　園の子どもたちは、本物の大きな大きなビスケットを食べながら、ぐるんぱ役になったり、子ども役になったりして、お話のクライマックス、つまりごっこの最後の深まりをいつまでも楽しんだことでしょう。

　「ぐるんぱは、もうさみしくありません。
　　びすけっと、まだたくさんのこっていますね」

（磯部　裕子）

## 10

**サンマを知る秋**

†

# 焼きサンマ

みどりの森の食日記

　ここ、仙台は短い残暑が終わると急ぎ足で秋がやってきます。いつもの風にちょっと冷たさを感じた朝。「秋らしくなってきたね」秋の高い空を見上げながら、園庭に続くテラスで子どもと会話を楽しんでいました。

　読書の秋、芸術の秋、食欲の秋……。大人は、さまざまな秋を楽しみますが、子どもたちにとって身近な秋は、何と言っても食べ物。「秋と言えば？」と子どもたちにたずねると、「栗」「焼き芋」「サンマ」など秋らしい食べ物があがりました。年長児とはいえ、秋の食べ物に「サンマ」を思い浮かべるなんて、ちょっと意外。それとも、宮城県の子どもたちにとって「サンマ」は、やはり身近な食べ物なのでしょうか。

　続けて「へぇ。サンマをどこで見たの？」と聞くと、元気に返ってきた答えは、なんと「スーパー」。そうかぁ、スーパーは何でも売っているからね。パック詰めにされて、魚コーナーにお行儀よく整列させられた「サンマ」を見て、子どもたちが「秋」を感じているとしたら、それはなんだかちょっとさみしい。

　そこで、パック詰めにされて、整列させられていない「サンマ」を探しに行くことになりました。スーパーではなくて、「サンマ」を売っているところといえば、魚屋さん。本当は、市場にでも出かけたいところですが、それはちょっと無理。まずは近所の魚屋さんめざして行動開始！

　ところがこのとき、時間はすでに10時半過ぎ。けやき（5歳児）の子どものほとんどは、いつものようにサッカーをしたり、ままごとで遊んだり、それぞれに自分の遊びを楽しんでいます。せっかく夢中になっている遊びを中断させたくないし、遊びを続けてほしいという思いもあります。ふだんから子どもたちには自分の責任で遊びを選んでほしいし、そんな時間と空間をしっかり保障してやりたいと思っています。「買い物に行きますよ」と先生が声をかけたから行くという消極的な選択ではなく、自分の意思で選んで自分で決めることを

43

大切にしてほしいとも思います。

　そこで「買いに行きたい！」と手を上げた6人の子どもと大人が一人。魚屋を目指してでかけることになりました。

　ところが、一番近い魚屋さんはなんと本日はお休み。ここまで来たのに、スーパーの整列サンマを買うわけにも行きませんから、次の魚屋さんを目指すことになりました。

　がんばって歩いた末に、やっと次の魚屋さんに到着。さっそく「お勧めの魚は何？」とたずねると、おじさんは、威勢の良い声で「今朝はサンマだよ。石巻から届いたばかりだよ！」と勧めてくれました。う～ん。これぞ魚屋まできた醍醐味です。スーパーになくて魚屋にあるのは、このコミュニケーションと整列していないサンマ‼「届いたばかりのサンマだからねぇ。ほら、プリプリと光っていて、口の先は黄色でとがっているよ」とおじさんの説明に子どもたちも真剣に聞き入ります。新鮮なサンマの選び方も教わり、一人1匹計6匹のサンマを買って、大切に園に持ち帰りました。

　さて、園に到着すると、好きなことに夢中だった子どもたちの遊びも一段落。「おかえり」とクラスの友だちが駆け寄ってきました。まわりをぐるりと囲み、袋の中を覗き込みます。園に残って「遊ぶこと」を選んでも、同じけやきの子たちが、魚を買いに出かけたことはちゃんと受け止めていて、仲間が、「ただいまー」と帰ってくれば、「おかえりー」と迎えます。自分の選択を大切にしているからこそ、仲間の選択もまた尊重できるのかもしれません。たとえ、全員そろって出かけなくても、これから起こることへのワクワクは同じように感じることもできるのです。

　さぁ、せっかく買ってきたサンマです。食べる前に「穴が開くほどよーく見てみよう！」とさっそくアトリエにサンマを並べました。「穴が開く？」なんていいながら、サンマに触れたり、匂いをかいだり、目を凝らして真剣にサンマに向き合います。こんなにじっくり魚を見るのは初めてかも。真剣に見つめるうちに、子どもたちから声がこぼれます。「うわあ！　口の中にベロがあるよ！」「しっぽはとんぼの羽みたいな模様だね」「背中はざらざらしているけど、銀のところはツルツルだ」「目の中も触ったよ」と、目と手で確かめる子どもたちはサンマの不思議に興味津々です。子どもが見たもの、子どもが感じたもの、それを子どもなりに表現する。そんな活動をするには、これはいい機会です。そこで、一人ひとりの観たサンマ、一人ひとりが感じたサンマを描いてみることを提案しました。

　ある子は、サンマの細かいひれの模様、繊細な線を観たままに描くため、極細の油性ペンを選びました。黒い細いペンで、ていねいに白い画用紙に描いていきます。尾の模様や、透明のひれの数を数えながら一本一本描く子もいます。

それから絵の具で彩色します。キラキラ光るサンマを黄色で表現する子。同じ色になるように何色も色を混ぜて配合してサンマの身体に近い色を作り出そうとする子。それぞれのサンマをそれぞれの方法で表現しています。描かれたサンマは、どれも自信に満ちていて、今が旬であることを身体いっぱいに表現しているようです。

　さて、それぞれのサンマが出来上がるころ。アトリエ内にある調理スペースで焼き始めていたサンマからいい匂いが漂ってきました。グリルの小窓から覗くと脂がのった表面の皮が少し焦げ付いてきて、いい感じです。さあ、いよいよ焼きあがり。子どもたちときたら、焼きあがったサンマに群がって手づかみでいただきます！

　少し早めに迎えに来ていたひとりのお母さんが、わが子のようすを見てびっくり。「家ではサンマなんて食べたことがないのですが……」

　そんなこんなで、6匹のサンマは、あっという間に骨だけになってしまいました！

　サンマを探して、触れて、観て、描いて、嗅いで、味わったこの日。まさに秋のサンマをたっぷり味わい、サンマの秋をじっくり感じた一日でした。

　その夜は夕食にサンマをリクエストした子どもがたくさんいたと聞きました。「お母さん、こっちのサンマのほうが新鮮だよ。だって、口先が黄色でとがっているもん‼」

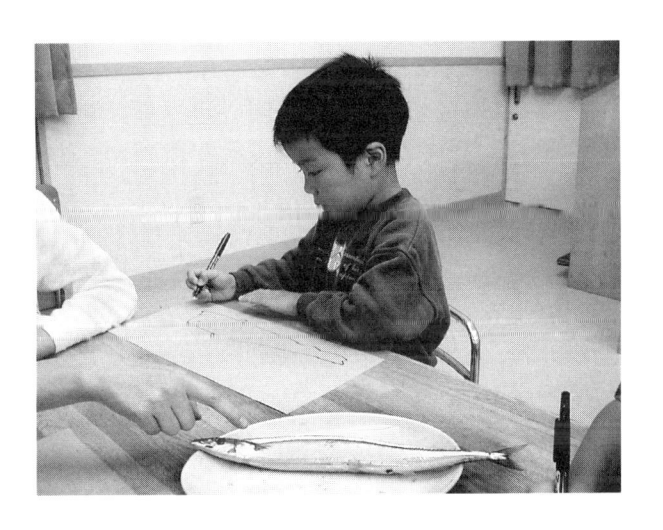

## コメント

　園で子どもたちと生活していると、子どもの「今」にどのように向き合うか、という点で迷うことがよくあります。この事例の中でも、保育者は子どもとともに「今」を探りながら生活しています。

　保育は、言うまでもなく目的のある営みですから、無計画に進めるものではありません。多くの園では、実践前になんらかの「計画」を立て、その計画にもとづいて、保育を展開します。しかし、私たちが保育の対象とする子どもたちは、時に、大人の予想をはるかに超えたことを思いつき、大人の想像をはるかに超えたエネルギーでぶつかってきます。そのたびに、保育者は計画の軌道修正を求められ、あらたな保育の物語を子どもとともに創り出していくことになります。

　この事例の中でも、保育者はたびたび判断の軌道修正に迫られています。サンマを買いに行く場面で、クラス全体を誘うか、今「行きたい」と言っている子どもだけで出かけるのか。予定していた魚屋がお休みしていた際に、遠くても魚屋に行くか、それとも引き返すのか。サンマを園に持ち帰った際、まずは味わうのか、サンマを描くという活動に取り組むのか。そもそも30人のクラスに6匹しかないサンマ。どうやって、みんなで食べるのか……。

　判断を迫られる場面はたくさんあるのですが、保育者はその都度、子どもの「今」を問い直しています。「サンマを見てみたい！」と思っている子どもにとって、本当に魚屋さんに行くなんて、とてもワクワクする活動ですが、今サッカーに夢中になっている子どもには、それは何の魅力もない活動です。もちろん、それを選択するかしないかによって、子どもの経験内容に差が生じます。多くの保育場面では、この経験内容に差を生じさせないよう、みんなが同じ経験ができることを第一義的に考えます。みんないっしょに芋堀りに行き、翌日、みんないっしょにその経験を絵に描く。ややもすると、そこに描かれた絵までがほとんど同じということさえあります。私たちは、これを、平等な教育と誤解していないでしょうか。もちろん、みんなでいっしょに取り組むことに意味がある場合もたくさんありますから、いっしょに行う活動をすべて否定しようなどというわけではありません。

　しかし、一人ひとりの「今」が違うのならば、大切にされなければならない「今」も異なるかもしれません。経験する内容が平等でなくとも、一人ひとりの「今」が平等に大切にされることが、本当の意味での平等なのではないかと、この実践を通して考えさせられました。

　「サンマ、買って来たよ〜」「おかえり〜」というなんでもないやり取りから、子どもも保育者も、互いの「今」を大切にし、認め合う存在として、子どもも保育者も共に生活しているこの園の実践の意味をあらためて感じました。

（磯部　裕子）

## 11

### びっくり、どっきり、秋の味
†
# 稲穂の素揚げ

　稲刈りの便りが届く頃、あおむし（3歳児）のマン坊が、両手いっぱいの花束らしきものを持ってきました。よく見るとそれは、新聞に包まれた、たくさんの稲。マン坊のうちでは春に田んぼを借り、田植えから稲刈りまで、休みのたびに出かけて、家族で稲を大切に育ててきたのだそうです。そんな大事な稲穂を分けてくれました。「きっと稲なんて見たことがないでしょうから、あおむしの部屋に飾ってください」とマン坊のおかあさん。しかし……まあ、こんなにたくさん飾ることもないでしょう。少し飾って、後は食べちゃいましょう！　稲穂の先をハサミで切り、熱した油の中に入れると、米がはじけておいしい和製ポップコーンができます。子どもたちといっしょにそのびっくりの味を味わいましょう！

　さて、まずは穂の先をハサミで切ります。途中籾殻をむいて、米を見せると手にとってかざし、そして口の中へ……。「固い！　まずい！」といいながらも、生の米をしっかり噛んで味わっています。味わうほどにおいしく（!?）なっていくようです。

　しかし、生で食べてしまったのでは、この後のお楽しみが減ってしまいます。これからがおいしいんだよ〜と励まされながら、ひたすらハサミで稲穂の先を切り落とします。

　全部ハサミで切り取り、保育室の中に卓上コンロと大鍋を準備します。油を入れて火にかけます。油が熱くなるまで待って……といっても、さんざん待たされた子どもたちです。もう待てるわけがありません。「早く！　早く！」といいながら、熱くもなっていない油の中に、一房をボトン。しばらくじっと見つめます。何の変化もありません。ところが少しずつ稲穂のまわりに泡が出来始めます。それもじっと、じ〜っと見つめていると。ポン！　ポン！　とゆっくり籾殻を破って、米がはじけ始めました。はじめの一つには驚きのためか、

---

**分量**

稲穂　　適量
油　　　適量
塩　　　適量

※揚げたてそのままでもおいしいが、塩をつけると甘みが増します。

声も出ない子どもたち。しかし、ポンポンとどんどんはじけ始めると、「わー！」と歓声が上がりました。その声に引き寄せられるように、遊んでいた子どもたちもだんだん鍋の周りに集まって来ます。油の温度もちょうどいい具合になってきて、一房、一房入れていくと、「ポン！　ポポポポポン！」と面白いようにはじけていきます。鍋の中に一気に花が咲いていくようです。はじけきった稲穂は網ですくい、皿に盛ります。

さてさて待つことに飽きた子どもたちは、できたそばから、どんどん口にほおりこんでいきます。熱いから気をつけて、油に触らないで！　なんて注意をものともせず、どんどん子どもたちは、稲穂を鍋に入れていきます。そのうちに熱々の稲穂を口に運ぶコツまで習得！　「指先でつまんで、初めにフーッとすればいいんだよ」とさっそくあとから来た子たちにも伝えます。やっぱり揚げ物は揚げたてが一番ですからね。

さて、すっかり食べ終わってから、「あれ？　飾り用の稲穂は？」。時すでに遅し。みんなのお腹の中でした。

＊ミニアイディア
・低温でじっくり揚げます。米は、はぜたらすぐに取り出します。
・安全のために大鍋に少量の油で揚げました。

### コメント

　稲穂を熱した油に入れると、一瞬のうちに米粒が大きな白い花のようにふくらみます。これには大人も「すごーい！」と歓声をあげるくらいですから、子どもたちの驚いた顔が目に浮かびます。稲穂と油だけで、こんなにドラマチックな時間がつくれるのですから、「食」はおもしろいですね。稲穂は日本の秋の象徴ですが、現代ではポップコーン（輸入穀物）を食べる子は多くても、稲穂の素揚げを食べたことのある子はほとんどいないでしょうね。みどりの森の子どもたちは幸せです。

　それにしても、熱した油のまわりには稲穂の素揚げを食べようと集まる子ども、揚げたそばから口にほおりこむ子ども、みどりの森の子どもたちのたくましさには感心させられます。また、「揚げ油は危ないから」とは決して考えない保育者の気骨にも脱帽です。

（平本　福子）

## 12

**自然の恵みをそのままに**

†

## どんぐり

　秋の木の実が落ちる頃。みどりの森がざわざわと忙しく動き始めます。それは秋の木の実拾いを始めるからです。園があるのは、街の中。当然近くに自然豊かな山があるわけではありません。園内の森の木はまだ小さく、どんぐりもなりません。そんな悪条件の中でも、探せば意外なところでどんぐりを拾えます。そこで毎日せっせと、近くのお寺、公園、大学……と木の実集めに通うのです。

　園から15分ほど歩いて行ったところにある、三条町の東北大学の構内ではまん丸のクヌギのどんぐりと、大きなマテバシイのどんぐりが拾えます。大学近くの家の子どもから「落ちてたよ」と情報が入るとさっそく歩いて出かけます。小高い丘を一目散に駆けていって、ピカピカ光るクヌギの実を手にする瞬間はまさに宝をみつけた気分です。同じ敷地の落ち葉を足でよけると、そこにはマテバシイの大きな実が、連なる房といっしょにたくさん見つかります。かさかさと落ち葉をよけながら「あった‼」と歓声を上げる子どもたちといっしょに、大人も夢中になって拾います。

　さらに大学の農学部の敷地では、姫胡桃（ヒメグルミ）が拾えます。白くてちょっととんがったクルミは木の下にたくさん落ちています。黒い皮をとると、中から白い小さなクルミが姿を現します。50人くらいで行っても、みんなが袋いっぱいに拾えるくらい、たくさん落ちています。ヒメグルミの実は小さくて、中の食べられるところもほんの少しですが、固い殻を割って中身を食べるのは秋の楽しみの一つです。

　幼稚園の北部は北山と呼ばれ、たくさんのお寺があります。古いお寺には大きな木がたくさんあり、そこにもたくさんのどんぐりが落ちている場所があります。黒くてとんがっている実に、ふわふわした帽子をかぶっているのは樫の木のどんぐりです。お寺には松の木がたくさん植えてあるので、松ぼっくりも

たくさん拾えます。五葉松なんて珍しい松の実が拾えるのも、古いお寺ならではです。

　それでも足りないので、子どもたちと地下鉄に乗って台原森林公園に出かけます。ここ森林公園は、仙台の街中に残る大きな森です。この森の中を歩きながら、コナラや、クヌギ、松ぼっくり、アケビのつるやフジのつるを集めてきます。

　そんな秋を過ごすこと早7年。今では周辺のどんぐり地図が書けるほどです。こんなに集めてどうするかというと、リースを作ったり、こまや、やじろべえなどを作ったりと、冬の間の工作で使います。でも使うよりもまずは「自然の恵み」を収穫する楽しみを存分に味わうのが一番の目的です。

　さてそんなどんぐりの中でも椎類のマテバシイやスダジイは食べられます。そのままでもおいしいのですが、ゆでたり、蒸したりすると甘みが増して、ほっこりとした味わいになります。この椎類がたくさん採れると、大人はにんまり。「このどんぐりは食べられるのよ。たくさん採って持って帰って食べようよ」というと、子どもたちも一生懸命に拾ってくれます。

　持ち帰ったマテバシイとスダジイはゆでて、皮をむきます。ゆでると皮に割れ目が入って中の実が出しやすくなります。子どもといっしょにつまみ食いしながら皮むきをします。裸になったどんぐりは細かく刻んで、だんごに入れたりクッキーに入れたりして食べます。冷めると少し固くなったどんぐりはクッキーの中でもだんごの中でも「ここにいるよ！」と強い自己主張を見せてくれます。噛むとカリッとした舌触りが残る、まさに自然そのものを味わう体験です。

### コ メ ン ト

　「どんぐりひろい」は幼い時の楽しい体験のひとつです。今も多くの幼稚園や保育園で行われているでしょう。しかし、みどりの森幼稚園の取り組みは「どんぐりひろい」を通して作られる地域の植生マップ、実際に食べてみて確認する木の実の種類の違い、食と生活工芸（工作）の一体化など、単なる「どんぐりひろい」を超えた、自然との深いふれあいのかたちを教えているように思います。おそらく、みどりの森の子どもたちや保育者は、そんなことを意図せずに身についたたくましさで自然の恵みと格闘されているのではないかと思いますが、そのひたむきでシンプルな自然との向かい方は現代の子どもや大人が忘れてしまっているものではないでしょうか。また、みどりの森幼稚園が緑豊かな農村地域ではなく、ビルに囲まれた市街地にあることが、この実践の意味を深くしています。

　みどりの森の子どもたちがヒメグルミを拾いに行く東北大学農学部のキャンパスの隣には、ファミリーレストランや24時間営業のスーパーマーケットがあります。片や縄文人のように木の実を拾う子ら、片や不夜城で冷凍食品を買う人々。何百年、何万年もタイムスリップしたような二つの光景を同時に見ているようです。少し大げさかもしれませんが、みどりの森の「どんぐりひろい」は、私たち人間が（食の）文明の進歩として何を得てきたのか、何を失ったきたのかを考えさせられる実践です。

　縄文時代、東北の地には豊かな広葉樹林があり、その恵みである木の実を主食としていました。また、子どもたちが拾ったヒメグルミのルーツであるオオバタグルミの化石を日本で最初に発見したのは宮沢賢治だそうです。『銀河鉄道の夜』にも主人公がプリオシーン海岸でクルミの化石を見つける話が出てきます。みどりの森の子どもたちの「どんぐりひろい」は、東北の深まる秋の「食」物語といえるのではないでしょうか。

（平本　福子）

## 13

**やっぱりこれがなくちゃね！**

†

# 特製三五八（さごはち）漬け

　けやき（5歳児）の部屋の前にある畑で採れたなすや、きゅうりなどの野菜を初め、大根、にんじん、かぶにセロリに大根の葉っぱ……と、とにかく好きな野菜をビニール袋に入れて、三五八の素を入れ、揉んで作る三五八漬け。作り方も簡単で、とってもおいしく、子どもたちも大好き。週1回の給食では毎回登場するほどの「定番」のお漬物です。

　給食の日には、子どもたちもお手伝いに参加して、三五八漬けを作ります。けやきさんの女の子たちがリードして、野菜を一口大に上手に切っていきます。その姿にどんぐり、あおむしさんの子たちも「ぼくも手伝う」「私にも切らせて」と混ざってきます。けやきさんの女の子たちが「このくらいの大きさね」「猫の手にして押さえるんだよ」と見本を見せてくれることもしばしば。

　三五八漬けの素の中に、野菜を入れる時も、揉む時も、大人の私たちが手を貸さなくてももう大丈夫。子ども同士で、「これくらい入れる？」「黄色っぽくなったら完成だね」などと相談しながら、手際よく進めます。もちろん配膳も子どもたちが担当。「私たちが作った三五八漬けはいかがですか？」と友だち一人ひとりに声をかけながら、ていねいに配ってくれます。お友だちから「おいしい‼」と声がかかります。自分たちはいつまでも給食も食べずにニコニコ顔で、友だちのお皿に盛り付けしています。

　さて、そんな光景が日常の一つとなったある日。園庭でビニールに砂を入れて、それを揉んでいる子たちを発見しました。最初は何をしているのかわからずに、「何をしてるの？」と声をかけると、「見てわからない⁉　三五八漬け」という答えを聞いて、ようやく納得です。ごっこに混ざって見ていると、ビニール袋に茶色の土を入れて、その後に"素"と称する白い砂を入れて、後は揉むだけ。ビニール袋もなんでもよいわけではないらしく、いつも三五八漬けを作っているのと同じビニール袋をちゃっかり給食室からもらってきているので

した。

　さて出来上がった「子どもたちお手製の三五八漬け」は、その他の砂のおにぎりや、泥水のお味噌汁なんかといっしょに、おままごとのお皿の上にならべられます。特製三五八漬けは、おうちごっこの夕食にもなくてはならない一品になっています。

### コメント

　子どもたちの日常はごっこ遊びでいっぱいです。子どもたちはおままごとでも、お店屋さんごっこでも、日常生活の経験をすぐにごっこに取り入れて遊びます。三五八漬けごっこも、そんな日常の経験が子どもの中に息づいた姿を見せてもらったと感じる一つの場面でした。それを見つけた担任はうれしそうに報告してくれました。それは若い担任にとっても、一つの発見だったのだと思います。彼女がうれしそうに、また愛おしそうに、その場面を語る姿は、保育者の原点を見るようでした。子どもたちが作り出す物語に出会い、その中の確かな一歩を発見していくこと。それが私たち保育者の一番の仕事であり、喜びなのかもしれません。それにしても、三五八漬けなんて、斬新なものを、すぐに遊びに取り入れる子どもたちが愉快で、力強く感じました。　　　（小島　芳）

### コラム 三五八漬けについて

　三五八（さごはち）漬けは福島県や山形県に伝わる漬物といわれています。麹を用いた発酵食品ですから、特有の甘味とやさしい塩味の漬物として人気があり、最近は家庭で簡単に作ることができる三五八漬けの素も市販されています。

　三五八漬けには、名前のとおり、塩と米麹と米を3：5：8の割合で混ぜた漬床を用います。3：5：8の割合は重量比でなく、容量比。重さを計る台秤は明治以降用いられるようになり、何十キロのものを計るものだったので、日常の料理作りには枡や身近な器を使う容量が用いられています。例えば、三五八の漬床には茶碗3杯の塩に麹5杯と米8杯を準備すればよいというわけです。しかし、実際には塩の割合を減らした二五八など、作る人により配合はいろいろあるようです。また、三五八床の作り方はやわらかめに炊いたごはんのあら熱をとってから麹を加え、保温して一晩おいてから塩を混ぜ1～2週間熟成させる方法や、かために炊いたごはんをさましてから麹と塩を加えて2～3ヶ月熟成させる方法などがあります。

　漬ける食材には野菜が多いですが、サケなどの魚もあります。また、三五八漬けは麹漬けのなかでも浅漬けタイプで、夏季は半日、冬季は一晩ぐらい漬ければ食べられるので、身近な野菜を上手に使うことができます。塩により野菜の苦味が少なくなるとともに、麹の甘味が加わり、野菜が苦手な子どもにも馴染みやすい野菜の食べ方ではないでしょうか。

　　　　　　　　　　　　　　　　　　　　　　　　　　　　　（平本　福子）

## 14

### ゆっくり熟成された味のひみつ

†

# 味噌づくり

　3月期が始まって、2月に入る頃になると、園の中では卒園に向けた雰囲気が流れ出します。小学1年生になることを目前に控え、ぐんと大人っぽく見えるけやきさん（5歳児）。そのようすを見て、どんぐりたち（4歳児）もまた、自分たちが年長になることを意識し、期待に胸をふくらませます。ちょうどその時期にどんぐりが行う活動の一つに、味噌作りがあります。ふだんの給食や、味噌汁の日に食べている味噌を自分たちの手で、一から実際に作り、1年後、自分たちが年長になった時に食べるのです。味噌作りをすることを子どもたちに話すと、「もうすぐ年長になるんだ！」という自信がいっきに溢れ出し、「どうやって作るの？」「早く作りたい」とそのエネルギーに大人が急かされます。「それじゃあ、まずは大豆を洗ってね」2月の冷たい水で、大豆を洗うのは大変です。指先を赤くしながら、交代で一生懸命に洗います。

　洗い終えた豆はたっぷりの水に一晩つけておきます。翌日、子どもたちは、水を含んで少し柔らかくなった豆にさわって「変化」を感じます。「少し柔らかくなったけど、まだまだよ。今度はお湯で煮るんだよ」と保育者の説明を聞きながら、「早く作りたいね〜」と互いに顔を見合わせながら、期待に胸をふくらませます。そんな子どもたちが見つめる中、大豆は火にかけられて、ゆっくりと煮られます。

　次の日、いよいよ味噌作り開始です。1日かけて煮た豆は、ふっくら軟らかくなっています。一粒一粒の豆にさわってみると、水につける前の豆と同じものとは思えないほど、軟らかくなっています。2日前の豆から、味噌は想像できないけれど、この柔らかい豆なら味噌になりそう。子どもたちの意欲も高まります。さっそく柔らかく煮た大豆をどんどんつぶしていくのですが、この作業、簡単そうに見えても実はかなり大変。大きな鍋に入った大量の大豆をつぶしていくには、忍耐力と力と時間と根性が必要です。三つの鍋にわけて、けや

みどりの森の食日記

きみんなで取り掛かります。一人の子が俺にまかせろとばかりにすりこぎでつぶし続けます。「早く代わって」「私もやりたい」と待っている子たちから不満がもれ始めます。どうなるのかなと見ていると、ある子が「10回やったら交代！」という案を出してくれました。その案をみんなが受け入れて、そこからは順番に交代しながら豆をつぶし続けました。しかし、みんなで交代しても、なかなか大豆がつぶれません。

それぞれの鍋を囲んだ子どもたちは、ぎゅうぎゅう押し合いながら、中をのぞきます。「まだつぶれないね〜」ため息をつきながらも、一人ずつすりこぎを持って10回つぶしては、次の友だちへ。みんなで1、2、3、4、5、……10と数えて、「はい次〜！」とテンポよく交代していきます。この根気のいる作業を途中で投げ出さない子どもたちの力強いようすに来年のけやきさんの姿がダブります。

「まだダメ？」「このくらい？」「もっとつぶすの？」とつぶしては聞き、またつぶしては聞きながら、全員がしっかりとつぶし作業を行いました。

次に塩と麹を入れていきます。「麹は豆を味噌にしてくれる、大事なもの。麹は生きているの。この生きた麹の力が味噌を作るのよ」と伝えながら、ザザァーと大量の塩と麹を鍋にあけると、わ〜と子どもたちの歓声が上がります。よ〜くまぜたら、最後の仕上げです。

新聞紙を広げた真ん中に甕（かめ）を置き、大豆と塩と米麹をいっしょにボール状にしたものを力いっぱい中に叩きつけます。ベタッという感触と音に、「キャッ！」と声を上げながらも、次々に投げ入れていきます。甕が味噌でいっぱいになったら、上に塩を振ります。「こうするとカビが生えにくくなるんだよ」というと、なんだか見なれた塩が魔法の粉のように見えてきます。「いつになったら食べられるの？」「明日？」ともう食べることを考えている子どもたち。「いやいや、みんながけやきになった秋にならないと食べられないの」と伝えます。「えっ〜」子どもたちから不満の声があがります。「一番寒い時と、一番暑い時に、がまんしてじっとしていると、麹が豆をゆっくりとおいしい味噌に変えてくれるんだよ」というと、子どもたちの目が一身に甕の中に注がれます。待つことが楽しみに変わりました。さて、これで味噌作りはおしまいです。

そして、どんぐりの子どもたちがけやきになった秋。いよいよ味噌の味見です。甕のふたを開ける瞬間、みんなで息をひそめて中をのぞくと、白いカビといっしょに味噌の香りが漂います。「うえ〜カビだあ」「気持ち悪〜い」とがっかりした声が子どもたちから漏れます。「だいじょうぶだよ、カビをよければ食べられるの」といってカビを取り除きます。とたんに味噌の匂いがあたりにたちこめ、「うわぁ〜できてる!!」と子どもたちから歓声が上がりました。

| 分量 |
|---|
| 味噌約10kg |

| | |
|---|---|
| 大豆 | 3.3kg |
| こうじ | 3kg |
| 塩 | 1.4kg |
| 煮汁 | 400cc |

みどりの森の食日記

お皿にとった味噌を指先にとって、みんなで少しずつ味見をすると「おいしいね！」と目を丸くして感激しています。出来立ての味噌はさわやかで、ゆっくり発酵した甘い味がします。「粒々がなくなってるね。麹がきいたんだね」ちゃんと昨年のことを覚えている子がつぶやきます。「え〜！　俺たちが作ったんだっけ？」なんて間抜けな声も聞こえます。この1年で君たちもゆっくり熟成されていたからね。忘れてしまうのも無理はないか！　「ゆっくりと熟成される」それは一番みどりの森らしい味なのかもしれません。

### コメント

味噌は大豆と米麹と塩だけでできます。単純ですが、こんなにも日本人の食生活に欠かせない食材はなかなかありません。米麹は小麦粉の混入の恐れがあることから、醤油を作っていない味噌蔵に「米麹を分けてもらえないか」と伺ったところ、宮城県北部登米地域の味噌蔵ヤマカノさんが快く分けてくださいました。こちらの味噌も宮城県産の特別栽培の大豆と米で作った米麹を使用しています。1日水に浸した豆を（それも大量の！）すり鉢でするのは4歳の子どもたちにとっては重労働です。でもそれもおいしいものを食べるのには必要な努力。そんな、「ちょっと大変」も味わいつつ、1年寝かせた味噌を食べるのはとても楽しみなことです。山形に引越した子がどうしても食べたいから送って！　と言ってきたこともありました。1年という長いスパンの活動だからこそ生まれる子どもの思いです。それで、もちろん送りました。待ちに待った味を味わって欲しいですからね。

(小島　芳)

## コラム　味噌について

　味噌は日本の食事にとって基本的な調味料のひとつですが、紀元前2世紀頃に味噌の前身である鼓（クキ）が中国で作られたのが起源とされています。日本には朝鮮半島を経由して奈良時代に伝えられ、一般に普及したのは室町時代だといわれています。

　味噌は大豆を麹で醱酵させ、旨味と香ばしさを引き出したものです。主原料の大豆は黄色種がもっとも多く使われていますが、国産の大豆の使用率は5％以下でほとんどが輸入品です。味噌の種類には大きく3つあり、米麹を用いた米味噌、麦麹の麦味噌、大豆麹の豆味噌です。米味噌はもっとも広く造られているもので、代表的なものに仙台味噌、信州味噌、西京味噌があります。麦味噌は九州中心に造られており、色が黒くて辛いいわゆる田舎味噌といわれているものです。豆味噌は愛知県岡崎市の八丁味噌に代表される赤味噌です。

　仙台味噌は我が地域の誇りです。豊臣秀吉から朝鮮への出兵を命じられた時、長い滞陣の間に他の藩が持参した味噌は変質してしまったのに対して、伊達藩の味噌が唯一変質しなかったため、仙台味噌は質がよいと評判になりました。そして、この評価が全国に広まったといわれています。また、伊達政宗は城内に「御塩噌蔵（おえんぐら）」という日本で最初の味噌工場をつくり、味噌造りの指導を行い、四季を通じて変質しない仙台味噌をつくったとされています。

　味噌の原料である大豆には米に不足している必須アミノ酸のリジンが豊富に含まれています。必須アミノ酸とは体内で合成できず、体外から栄養分として摂取しなければならないアミノ酸のことで、ヒトでは8種の必須アミノ酸があります。また、「アミノ酸の桶」といわれるように、もっとも少ないアミノ酸を一番背の低い桶板（高さの低い板があると流れ出てしまう）にたとえて、必須アミノ酸は全種類をバランスよく摂取しないと有効利用されません。米食を基本とする日本の食事では、穀物に含まれる必須アミノ酸と大豆に含まれる必須アミノ酸が互いに補いあう関係にあり、ごはんと味噌汁の組み合わせは栄養学的にみても合理性があるといわれています。

（平本　福子）

## 15

**けやき味噌汁屋、本日開店！**

† 

# 味噌汁づくり

みどりの森の食日記

　どんぐり（4歳児）の時に作った味噌。1年間の熟成期間を経て、とてもおいしく仕上がっています。せっかく味噌を作ったのだから、やはり食べたくなるのが味噌汁。みどりの森幼稚園の給食で食べる味噌汁は、しっかり出汁（だし）をとって季節の野菜をたっぷり入れて作るので、子どもたちにも大人気。ある日、ケントが「ボクたちの作った味噌で、味噌汁を作ろうよ」と提案。みんなも賛成してけやき（5歳児）が作った味噌汁を他の子どもたちにご馳走することになりました。「味噌汁の具は何にしようか？」さっそく味噌汁づくりのミーティングの始まりです。何の具を入れるか相談し、一人ひとり自分の入れたい具を提案していきます。「にんじん！」「こんにゃく！」「なめこ！」「なっとう！」「とうふ！」「えのきとまいたけ！」とさまざまな意見が出てくる出てくる！「ピーマンはどう？」なんて、ちょっと面白い意見には「え〜っ！」と驚いたり、笑ったりしながら話し合いは進みました。みんな一通り意見が出終わるくらいには、なんと25種類もの具材があがりました。この25種類の具材をよく見てみると、ふだんの給食の中で食べているものや、味噌汁の具になっているもの、そして自分たちが畑で育てた野菜など、どれも子どもたちにとって身近なものばかりです。その中から多数決でじゃがいも、大根、豚肉、だんご、米粉麺、豆もやしが選ばれました。そこで、さっそく買出しです。近所のスーパーに野菜を買いに出かけました。

　3つのグループに分かれてそれぞれ買う物を分担。「僕は大根を買ってくるから」「私はジャガイモ」自分が買ってくる野菜を友だちと確認しあいます。けやきみんなの合言葉は「あおむしくん（3歳児）とどんぐりさんにはひ・み・つ！」。買ってきた野菜は見つからないようにと急いで給食室に隠し、翌日までのお楽しみとなりました。

　さていよいよ味噌汁づくりです。野菜を洗って、刻んでという作業はもちろ

んのこと、今回の味噌汁は庭のペチカで作ります。朝から枝を集めたり、枯葉を拾ったりと火おこしの準備にも念が入ります。いつも先生が火おこしをするのを眺めているだけでしたが、今回ばかりは「僕たちでやりたい！」と意欲満々。炭火を一生懸命にあおいで、火をおこします。炭がはじけるパチパチという音がして、炭が真っ赤になったら良い頃合いです。その頃には刻んだ野菜も鍋に入り、火にかけられるのを待つばかりとなっていました。「火の準備はできた？」「野菜とおだんごも準備はオッケーだよ！」火おこしをしていた友だちとアトリエで具材の準備を進めていた友だちの連携も見事です。けやきのチームワークで、いよいよ味噌汁も完成間近です。

ペチカのやさしい火でじっくり時間をかけて温められた味噌汁の良い香りが園中に漂います。おいしそうな味噌汁の香りに誘われて、ペチカの周りに集まってくるどんぐりさんや、あおむしくんたち。さあ、いよいよけやき特製味噌汁の完成です。

どんぐりさん、あおむしくんの部屋にけやきたちが鍋を運んで、「僕たちが作った味噌で作った味噌汁だよ」と紹介すると、どんぐりさん、あおむしくんは目を丸くして聞いていました。

たくさんできた味噌汁は、お迎えに来たお母さんたちにも振舞われました。お母さんたちがおいしいおいしいといって食べてくれる傍らで、どんなふうに作ったか一所懸命説明する子。何杯もよそってあげる子。「今まで食べた味噌汁の中で、一番おいしかった!!」と、どんぐりさんの友だちからもらったお返しには、ちょっと照れくさいけど、誇らしい気分。

一からすべてを作り上げた、思いのこもった味噌汁。あったかくて、おいしくて、大きくなった気分をたっぷりと味わえる特別の味でした。

## コ メ ン ト

　味噌汁は日本の伝統的な日常料理の代表です。なかでも、東北地方では野菜がたっぷり入った「食べる味噌汁」の習慣が現在も残っています。ですから、みどりの森の味噌汁づくりは、単なる味噌汁づくりではなく、地域の食文化の継承といってもよいでしょう。

　味噌汁づくりのよさは、身近な食材を活用できることです。味噌汁はどんな食材も受け入れることができる懐の大きな料理なのです。そして、みどりの森の実践には、その味噌汁づくりのよさが上手に活かされています。味噌汁の実の食材を子どもたちが次々に提案していく場面がまさにそうです。また、あげられた25種の食材は「ふだんの給食の中で食べているものや、味噌汁の具になっているもの、そして自分たちが畑で育てた野菜……など。どれも子どもたちにとって身近なものばかりです」とあるように、みどりの森の子どもたちは身近な食材の世界が豊かなこと、また、味噌汁づくりがその豊かさを育てていることがわかります。

　幼い子どもたちへの食育では、豊かな食材観を育てることが大切とされています。なかでも、野菜はその中心です。みどりの森の実践をみると、給食でおいしく食べることと自分たちがもっている能力をフル稼働して「創る・作る」体験を通して、ワクワクした気持での食材への接近があるように思います。

（平本　福子）

### コラム　おにぎり

　おにぎりの歴史は古く、すでに弥生時代にはあったといわれています。しかし、当時のものは葉に米を包んでゆでたもので、現在のようなおにぎりは平安時代の頓食（とんじき）が起源といわれています。頓食は、戦いや畑仕事の携帯食、簡便なもてなし食としても用いられていたようです。おにぎりの「いつでも」、「どこでも」食べられる簡便さは、古くからの日本人の知恵だったわけです。一方、古代には天地万物を産みなす産霊（むすび）信仰があり、飯を手指で結ぶように丸く握り、神様に供えていたようです。この「むすび」が女官たちの女房言葉になり、「おむすび」と呼ばれるようになったといわれています。

　ところで、米食文化のアジアの国にもおにぎりがあるのでしょうか。日本の米はジャポニカ種といって粘りのある米で、東南アジアやインドなどで栽培されている米は、インディカ種でパラパラしています。ですから、インディカ種のご飯ではおにぎりが作りにくく、日本のようなおにぎりはみられないといわれています。ちなみに、パラパラしたご飯は箸ではもてず、指にべとつくことがないので手で食べる文化となり、日本の粘りのあるご飯は箸を使って食べるなど、栽培される米の性状が料理形態や食べ方などの食文化とつながっています。

　みどりの森幼稚園のおにぎりは、「ごはんをしっかり食べる」給食の具体化の典型です。それはまた、給食に慣れていない新入園児や、箸がまだうまく使えない子どもや、しっかり遊んで腹ペコの子どもなど、どの子にも「ごはんをしっかり食べる」ことができるのが「おにぎり」だからという、保育者ならではの気づきや思いをみることができます。

　また、「おにぎり」は親にとっても子どもへの思いを結ぶ大切なものです。給食ではおにぎりが3種類出されるので、約300個のおにぎりを保護者の方5～6名で握ることになります。一つひとつていねいに握っていくその手には、自分の子どもだけでなくどの子にも、「おいしいから、しっかり食べてね」という思いがこめられています。

　それにしても、「おにぎり」はスペシャルな食べ物です。ごはんのある食事の栄養面でのよさ、食べる人に応じた自在な大きさ、手で握るあたたかさ、伝統的な料理の伝承、日本の風土にあった米作、自給率の向上……など、「食育」における多くのキーワードが含まれているのですから。

　みどりの森の「おにぎり」に、ひとつ注文をするとしたら、塩味のないものがほしいことでしょうか。味のない白飯は、味のついたおかずをおいしく食べることにつながります。それもまた、日本の食事のよさなのです。（平本福子）

## 16

**ゆっくりおいしくなあれ！**

✝

# 年長さん特製、梅シロップ＆梅ゼリー

　６月の梅雨の時期、園の理事が青々とした梅を届けてくださいました。理事さんの親戚の畑で採れたものです。昨年は、梅干を作って給食でいただきました。

　さて、今年は「う〜ん、何にしよう？」と考えているとき、つい先日の子どもたちの姿を思い出しました。「どんぐりさんは、いいな〜。イチゴでジュース（シロップ）作って。おもしろそー」と、どんぐりさんのイチゴシロップ作りのようすを羨ましそうに見ながらつぶやいていたけやきたち。ふだんは「けやきさんばっかり、ずるーい！」と言われることのほうが圧倒的に多いのですが、そんなけやきもどんぐりさんのイチゴシロップづくりには密かに興味を抱いていたようです。

　どんぐりとけやきの部屋は仕切り戸一つでつながっていて、ふだんの生活のほとんどを同じ空間で過ごしています。仕切り戸もクラス活動の時間以外は開いているので、どちらの部屋もみんなの遊び場・生活スペースです。ですから、瓶の中にパンパンに詰められた真っ赤なイチゴに真っ白な砂糖が溶けていくようすを、けやきもどんぐりさんといっしょに「しっかり」見守っていたのでした。どんぐりさんは「どんぐりだけのないしょ！」と楽しんでいましたが、けやきだって知っていました。知らないふりをするのも年長さんゆえの心配り？　実はイチゴシロップの完成を楽しみにしていたのです。

　それならば（！）と今回いただいた梅で、「梅シロップ」を作ることにしました。さっそく、けやきに呼びかけ作業の開始。しかし子どもたちは、この肉厚で硬い梅がシロップになることがピンときません。「先生、この梅がどんぐりさんのイチゴみたいにジュースになるの？」「どうして？」「こんなに硬いのに？」「不思議でしょ〜。イチゴみたいにやわらかくないのにね。でもね、この梅の中にもイチゴと同じように、おいしい梅の味がぎっしり詰まっているの。だから、爪楊枝で梅の味が外に出やすいように穴を開けてあげるといいの」と

話すと、「そうなんだ〜」と納得したような、しないような表情をみせながらも、爪楊枝での穴あけ作業に取り掛かっていきます。
　この穴あけ作業、一見すると地味で簡単そうなのですが、硬い梅に爪楊枝をさすのですから、結構な指の力と集中力が入ります。適当に爪楊枝をあてると先が折れてしまいます。「ささんない〜」「おれちゃったぁ！」なんて声がたくさん聞こえてきましたが、徐々に「できた」「あ！　穴があいた」とうれしそうな声も。上手に穴があくとプチッと指に手ごたえを感じます。プチ、プチ、プチと指への手ごたえを楽しみながら、穴あけ作業が続けられました。
　すべての梅に穴があけられると次は瓶詰めです。果実酒の瓶に梅とグラニュー糖を入れ、蓋を閉めたら終了。これは意外と簡単！　あとは、梅からエキスが出るのを待つばかりです。
　「わーい完成！」と大喜びした子どもたち。「どのくらいで食べられるかな」「７月くらいに食べられる？」と梅シロップを口にする日を夢見るけやきたちですが、いえいえそんなにすぐには食べられません。なんてったって青梅ですからね。イチゴシロップのようにはいきません。楽しみにしている子どもたちに、厳しい現実を伝えなければなりません。
　「う〜ん。７月には食べられないかな」「え！　じゃあ、８月？」「ううん。まだ、まだ」「じゃあ、９月？」「ううん。まだ、まだ‼」「え〜、いつ食べられるの？」と心配そうな顔。「実はね、１年後」と話すと「え〜‼」「えぇ〜‼」と声、声、声。「そんなに待つの？」「そんなに、待てないよ‼」とさっきまでのワクワクした表情は一変、がっかりした顔になりました。たしかに、早ければ２〜３ヶ月で、食べられます。でも、今回は熟成させるおいしさを優先させることにしました。
　「じっくり時間をかけるから、おいしい梅のジュースができるんだよ。青梅は、そのまま食べたらいけないの。時間をかけ砂糖につけるとおいしくなるんだよ。待つ時間が長ければ、長いほどきっとおいしいジュースができるからね」と話すと、「それなら、待つしかないか」とシブシブ待つことになりました。その瓶は保育室の陽の当たらない所に置かれました。
　さて、次の日、瓶を覗き込む子どもたちの姿がありました。「なんにも、変わってないね」「どんぐりさんのイチゴシロップ、次の日には砂糖が溶け始めていたのに……」と残念そうな声。次の日も、その次の日も変化は見られず、「あ〜あ、つまんない」と子どもたち。そんな日が２週間ほど続いたある日、「せんせいー！　梅の砂糖が溶けてきた」とやっと見えはじめた変化の兆しに大喜び。梅シロップから離れ始めていたけやきの気持ちは再び梅シロップへ。梅の瓶をのぞく日が続きました。
　いっこうに変化が見られなかった梅は、この日から徐々に変わってきました。

| 梅シロップ 分量 ||
|---|---|
| 青梅 | 1kg |
| 砂糖 | 1kg |

| 梅ゼリー 分量　10人分 ||
|---|---|
| 梅シロップ＋水 | 500cc |
| 梅の果肉 | 適量 |
| 粉寒天 | 4g |

梅の周りの白かった砂糖がすべて溶け出すと、瓶の底に梅のエキスたっぷりのシロップが見られるようになりました。底にたまったシロップはだんだんに増え、梅全体を覆うほどの量になりました。その頃にはエキスが搾り出た梅の実もシワシワになり、「わー、梅干ばあさんみたい」なんて大騒ぎ。何ヶ月ものあいだ、その変化に一喜一憂したけやきたちでした。

１年近い時間がたたないと食べられないと聞いてはいるものの、梅シロップが瓶の底にたまりだしてからというもの、「もうすぐ食べられる？」「こんなにジュースが出てきたよ」と「早く食べたーい！」と催促される日々。「まだ先」とわかっていても、日々増えるシロップを目の前にすると、その味が気になるというもの。

ぐっとこらえること９ヶ月！　すでに、時は３月も上旬。卒園を控えた子どもたちは、「早く食べないと、俺たち小学生になっちゃうよ」ともう限界です。

「そうだよね。これだけ待って食べられないなんてことないよね」と卒園を間近かに控えたある日、封印されていた梅エキスの瓶をいよいよ開けることになりました。

じっと瓶を見つめるけやきの目。真剣な視線に包まれながら、蓋を開けると、プーンと梅のいい香り。「うわー、いいにおい」とそのさわやかでちょっと鼻にツーンとささるような香りに引き寄せられて、みんな瓶の回りに集まります。果実酒の瓶は25名の間を行ったり来たり。全員の鼻を満足させてから、やっと先生のところに戻ってきました。

さて、この梅シロップ。どうしようかと考えた末、梅のエキスを十分に堪能できる「梅ゼリー」を作ることになりました。

シワシワの梅を一つひとつ取り出し、果肉を包丁で切り落としていきます。水分が出きった梅の果肉はしんなりしていて、なかなか簡単には切れません。でも、そんなことでは音をあげません。なんていったって９ヶ月もの長い間待ち続けたのですから。それだけこの梅に対する気持ちは最高潮！　包丁でていねいに切り落とし、その実を細かく刻んでいきます。果肉が落とされたあとに残った種は、ゴミ箱へ？　まさか、そんなもったいないことが起こるはずもありません。もちろん各自の口の中。「甘い〜。でも、すっぱいー」と歓声があがります。それを聞いた他の子どもたちは、早く自分の番が来ないかと、列の人数を数えたり、「終わったら、早く代わってね」と声をかけたり……。全員が口の中で種をコロコロ転がして楽しんでいる中、梅シロップに粉寒天を入れ、混ぜ合わせてから火にかけます。お鍋がフツフツいってきたら、火をとめ果肉を入れます。それをバットに流し入れ、冷蔵庫で冷やします。１時間後、プルプルに固まったゼリーは子どもの手のひら大に包丁を入れ、器に盛られました。けやきの期待を一身に集めたゼリーを食べる瞬間まであと少し。いよいよ

となるとますます気持ちも高まります。器を並べる作業も、ゼリーを盛り付ける作業も、にぎやかなんてものではありません。

バットの四隅に残ったゼリーは……というと、「味見」と称して一足早く堪能します。

こうして、9ヶ月という長い時間をかけて完成した「けやきの特製梅ゼリー」は全園児に振舞われました。甘くって、すっぱい絶妙な味‼ 職員には好評でしたが、年下のどんぐりさんと（4歳児）あおむしくん（3歳児）にはちょっとすっぱすぎたみたい……。「甘くて・すっぱい」梅ゼリー。なんだか、「優しくて、時には厳しい」年長の姿と重なりました。

卒園を控えたけやきの梅ゼリー作り。ゆっくりと時間をかけ熟成させてきた梅シロップと卒園を控えゆっくり成長してきた年長児。このプルプルした梅ゼリーの中に、お腹がよじれるほど笑ったこと、悔しくて涙を浮かべたこと、友だちと口をきかないほどのケンカをしたこと、友だちを思いやって過ごしたことなど、たくさんの思いが映しだされているようでした。

じっくりと時間をかけて、ようやく味わうところにたどりついた梅ゼリーづくり。それは、保育者にとってもじっくり大きくなった子どもたちの成長の時間とどこか重なる、忘れられない味となりました。

＊ミニアイディア
＊みどりの森では、ゼラチンは使わず、寒天を使います。

### コメント

みどりの森では到来物がちょくちょくあり、それをすぐに保育の中に取り入れます。この梅シロップの梅も、園の理事さんが、親戚の畑で採れた梅をたくさん届けてくださったことから、始まった活動です。いただいた梅のほとんどは毎年梅干にします。でもその年のけやきの担任は「私たちもどんぐりさんみたいにシロップを作りたい！」という、子どもたちの要望をしっかりと受け止めてくれました。ただし、そこは年長です。そう簡単にはいかないという経験にもなりました。梅シロップづくりはイチゴシロップのそれと違って、子どもにとって容易においしさにたどりつけるものではありませんでした。酸っぱくて、コリコリと歯ごたえもあって、その大人っぽい味のゼリーを食べられずに残したどんぐりや、あおむしもたくさんいました。けやきは自分たちで作ったゼリーをしっかり食べました。卒園を間近に控えたけやきはどこか、青年を思わせるほど大人びます。そんなけやきたちだからこそ「おいしい」と思える、その時の、その体験を共有した子だけが味わえる特別な味だったのではないかとさえ思える活動でした。

(小島　芳)

## 17

**お別れの日のプレゼント**

†

# ロールはくさい

みどりの森の食日記

　年長のけやき組の前に小さな畑があります。夏はピーマンやきゅうりやトマト。冬ははくさい、大根、なっぱなどを年長の子どもたちが育てます。できた野菜は給食のおかずにしたり、味噌汁の具にしたりと、みんなで食べています。自分たちで作った野菜を食べるというのは特別な思いがあります。味噌汁の中にそれを見つけるたび「先生これって畑の大根でしょ？」とか、「ほうれん草はとくにおいしいね」などと友だちと話している姿が見られました。年下の子たちには「私たちの作った野菜だよ」と誇らしげです。

　２月の下旬。年長の子どもたちとミーティングを開きました。卒園前にけやきさんから、どんぐりさんやあおむしくんに何かお別れの贈り物をします。それを何にするかの話し合いです。「何か作ってプレゼントしよう」「手作りのろうそくがいい！」「何かお菓子をプレゼントしよう」といろいろな案が出てきましたが、なかなかこれといった良い意見にまとまりません。その時「畑のはくさいを使って何かご馳走したら？」と子どもの中から意見が出てきました。「味噌汁にしよう」とか「おひたしにしよう」など、給食に出たメニューが並びます。でもなんだか特別な感じがしないよね〜と、これという決定打にはなりません。「先生の得意料理にロールキャベツっていうのがあるんだけど、ロールはくさいっていうのはどうかな」というと、「知ってる知ってる、うちでも食べたよ」などという声があがりました。「ひき肉や、たまねぎを刻んで、はくさいで巻いて、スープで煮るんだよ」と簡単に作り方を説明すると、満場一致で「ロールはくさい」に決定しました。

　ロールはくさい作りの当日。みんなで、はくさいを抜きました。３月に入ったとはいえ、まだまだ冷たい水で、手を真っ赤にしながらはくさいを１枚１枚ていねいに水洗いしました。今度はたまねぎのみじん切り。なにしろ100人分のロールはくさいです。たまねぎも半端な量じゃありません。みんな涙を流し

---

**分量　10個分**
白菜　　　　　　10枚
ひき肉　　　　 300ｇ
たまねぎ　　　 10枚
卵　　　　　　1/2個
パン粉　 1/2カップ
塩　　　小さじ1/2
こしょう・しょうゆ
　　　　　　　　少々
コンソメスープの素
　　　　　　　　１個
月桂樹の葉　　１枚
水　　　　１カップ

ながら刻みます。みじん切りが終わると大なべにみじん切りにしたたまねぎ、ひき肉、卵、パン粉を順に入れ、手で混ぜていきます。「冷たーい！」「でもやわらかくて気持ちいいね」塩とこしょうも加えるといよいよ種の出来上がり。今度ははくさいの中に巻いていきます。まな板の上にていねいに葉を広げ、その上に具をのせて巻き、巻き終えたはくさいは楊枝代わりのスパゲッティで外れないように留めます。

　さあ、次はいよいよスープに入れて煮込みです。「ドボンと入れたら、お湯が跳ねるよ」というしっかりものの女の子たちからのアドバイスを受けて、そーっとそーっと真剣な表情で鍋にはくさいを入れていきます。みんなのお昼までに間に合うかな……とハラハラしていましたが、なんとかこのまま煮込めば、お昼までにはできそうです。「先生が見ているから遊んできていいよ。今日はぜんぜん遊んでいないんじゃない？」と声を掛けると「いい、いい」「今日は遊ばないで、スープ作るんだ」とずっと鍋の近くで、はくさいが煮えるのを見ています。しばらくすると、園全体がスープの良い香りで包まれました。園中から子どもたちがようすを見に来ます。味見をすると、ちょうど良い頃合です。さっそくどんぐりさんとあおむしくんに運んでいって、振る舞います。今回は料理を分けて、配膳するのもすべてけやきが担当するのです。

　いただきますをして食べ始めると、そこいら中から「おいしい」「おいしい」という大合唱です。すぐに鍋は空っぽになりました。大好評に、思わずにんまりのけやきたち。もうすぐ卒園です。

### コメント

　「園庭で育てた野菜を使って料理を作る」ことは多くの幼稚園・保育園で行われています。しかし、みどりの森幼稚園の実践はひと味もふた味も他の実践と違うことに驚かされます。料理作りのプロセスは①何を作るかを構想する、②実際に料理を作る、③作った料理を食べる場をつくる、の大きく３つの行程がありますが、「お別れの日のロールはくさい」ではすべての行程を子どもたちが行っています。また、その行程の一つひとつに"お別れの日の料理"という物語があります。例えば、「ロールはくさい」に決めるところでは、年下の子どもたちへのプレゼントする料理であることに加えて、味噌汁、お浸しという自分たちが考えられる範囲を超えた料理をつくることのワクワクさや自分たちが作った料理を年下の子どもたちに"ふるまう"うれしさなどです。「お別れの日のロールはくさい」には、保育者や栄養士が決めた料理をつくることではみられない子どもたちの気持ちの高まりを感じます。

（平本　福子）

## 18

**料理の基本は!?**

†

# 園のニワトリの卵で作る、極上目玉焼き

みどりの森の食日記

　みどりの森幼稚園では、ニワトリを3羽飼っています。毎朝ニワトリが産んだ卵を取りに行くのは、子どもたち。この大役を果たそうと、登園一番乗り競争が見られるほど、子どもたちにはちょっと人気の仕事です。

　「ニワトリの卵」を手にした子どもは満面の笑みを浮かべ、優越感に浸ります。時には大切にずっと手の中で温めて「ひよこにするんだ！」とがんばる子。「おうちに持って帰って、食べたい！」と、何重にも箱を重ねた中に卵を入れて、帰りまで大切に見守る子。たった一つの卵を取るという行為の中にもそれぞれの子どもたちの物語がうまれます。

　けれどもその卵を取った後、大切に冷蔵庫で保管するうちに、いつの間にか卵がたくさん溜まってきました。「このままじゃ食べられなくなっちゃうねー」それならさっそく食べることにいたしましょうか。給食で使うには少し多いね。数えてみると、ちょうどけやきの人数分あります。

　今年のけやきには卵アレルギーの子どもはいません。「じゃあ、けやきで目玉焼きを作って食べようか」と子どもたちに提案しました。

　「目玉焼き作ったことある？」「ない！」「ない！」いつも食べているものだけれど、自分で作ったことがある子はいません。さっそくホットプレートを準備して、目玉焼きづくりの始まり始まり。

　「私、目玉焼きは嫌い」「白身は好きだけど、黄身は食べられないんだ」「え〜っ！　オレはその反対」なんて会話をかわしながら、一人ひとり卵を手にします。冷蔵庫から出したばかりの卵は冷たいけれど、小さな手の中にぽってりと納まります。子どもたちは割らないようにそっとその手に包みながら、卵の重さを感じているようです。ホットプレートが温まったところで、一人ひとり割り落していきます。ボウルのふちにコンコンと殻をぶつける時の子どもたちの顔は硬く、「微妙な力を加えて、割る」という作業に集中しています。子ど

もたちの生まれて初めての挑戦です。殻をぶつけて、両手で二つに割る一瞬。それからポトッと落ちる卵。しばしの緊張と沈黙のあと、子どもたちの笑顔が広がります。ホットプレートの上で、落ちた白身がゆっくりと白くなっていくようすを見ながら「できた！」と思わず声が上がります。「これ、私のだよね」「オレ黄身がつぶれちゃった〜」と自分の目玉焼きから目を離さずに焼き上がりを待ちます。部屋の中には、卵の焼けるいいにおいが漂います。

　さあ、いよいよ完成です。さて、世界でたった一つの、自分で作った最初の目玉焼きのお味はいかが？　「すげ〜おいしい！」「おいしすぎる‼」「自分で作るのはやっぱり最高！」と大絶賛です。

　本当にシンプルな目玉焼きですが、「自分で作る」という体験をスパイスにしたら、それはどんな高級料理でもかなわない「極上の目玉焼き」になるのです。その証拠に、「目玉焼きは嫌いだから、お家では食べない」と言っていた女の子も、ペロッと平らげて、「おいしかった……」と照れ笑い。

## コメント

飼育について……みどりの森ではよく生き物を飼います。広瀬川で採ってきた小魚、梅田川で採ったザリガニ、輪王寺で採ったおたまじゃくし。それはとても小さな世界ではありますが、「共に生きる」ということを感じる行為ではないかと思っています。ニワトリはそれ以上に卵というステキな贈り物をくれます。ニワトリが産んだ卵をいただくことはまさに、自分以外のものに生かされていることを実感できることに他なりません。目玉焼きという単純な料理ですが、シンプルだからこそ「いただく」ということを体中で感じられる活動だったと思っています。

（小島　芳）

## コラム　自己決定できる生活時間

　「ニワトリの卵、今日はボクが取りに行く！」と決意した子どもが、朝一番に園の門をくぐり、ニワトリ小屋に一目散。――こんななんでもない子どもの気持ちを実現することが、今、多くの園では困難になりつつあります。なぜなら、全国の幼稚園の多くは、バス通園を実施しているからです。決められた時間に決められた場所に集合して登園するバス通園は、毎朝子どもたちに「決められた時間」を守ることを求めます。園のバスは、バス停で子どもを待ち続ける余裕はありませんし、たいていの幼稚園では、一路線に一度しかバスは走りませんから、乗り遅れたら、大変です。そうなると、親も子も、決められた時間にバス停に行く。これが、毎日の園生活の最初の活動になるのです。

　「決められた時間にバス停へ」という生活は一見、規則正しい生活習慣を子どもたちが身に付ける絶好の機会のようにみえます。しかし、今日はちょっとゆっくり弟といっしょの時間をすごしたいなぁ、と思っても、今日は誰よりも早く幼稚園に行くぞ！　と思っても、その時間を子ども自身が決定することはできません。今日も子どもの気持ちとは無関係に、いつもどおりにいつもの場所にバスは迎えにやってきます。もちろん、子ども自身の気持ちを実現するには、それに付き合う大人の存在が必要となりますから、いまどきの大人たちも、そんな子どもの気持ちに付き合う時間がないのが実情かもしれません。

　しかし、あらためて考えてみると、幼児期の子どもたちに、大人と同じ忙しい「時間」を体験させるということは、幼児期の子どもたちにこそ体験させたい「時間」を奪っていることでもあります。

　「ニワトリの卵、今日は絶対ボクが取りに行く！」と決めて、朝一番に園の門をくぐり、産みたてのあたたかい卵を手にして大満足！　こんななんでもない体験が、特別な体験に見えることの「不思議」を大人たちが問い直す必要があるのかもしれません。

　ふと、ミヒャエル・エンデの『モモ』を、読み直してみたくなりました。

（磯部　裕子）

## 3 みどりの森の保育への思い

# 食が変わって保育が変わる

### 園のあゆみ

　みどりの森幼稚園は大正時代に仙台仏教会によって設立された子どもの日曜学校が母体となり、その後仏教こども園としてこの地に誕生しました。仙台市内で初めての「保育の場」だったと聞いています。向かいにある通町小学校に、下の子を背負って通っている子たちがいることに気がついた先達が、「子どもたちに勉学の環境を」ということで始められたということです。その後財団法人となり仏教会の中心にあった輪王寺が運営の中心になり、1979年に学校法人仙台仏教みどり学園みどり幼稚園となりました。しかし急速な都市化、少子化の影響を受け園児が激減したため1996年に休園したのですが、「地域の子どもの場の灯を消したくない」という地域の方々の思いから、2年間の休園期間を経て、再開を決議し、改めて現在の法人（学校法人・仙台みどり学園）の基礎を作り、2000年4月より再開園しました。現在は園名も変更し、法人名から仏教は外れていますが、仏教の持つ普遍的な思い——利益を追求することなく、純粋に子どもの生活を支えたい——に基づき、この地に子どもの場を作った先達たちの志は今の法人の理念の中にしっかりと根をおろし、息づいています。

### 私たちが大切にしていること

　みどりの森幼稚園は毎日いっぱい遊びます。朝、園に来た子どもたちはそのままずっとお昼まで、自分の好きな遊びをします。制服もなし、上靴もなし、バスもありません。たまたま遊びにこられた方が「昔の路地裏みたいなものですね」とおっしゃっていました。大人たちに見守られている中で、子どもたちは遊び、人と人との関係を学んでいきます。ですから人生の始まりの3年間をひたすら遊ぶことに没頭させてやりたい。それが自分で自分の幸せを作るために必要なことではないかと考えています。

　子どもたちの経験する一つの出来事は一つの積み重ねとなり、子どもたちの力となっていきます。その一つひとつを検討しながら、子どもたちが今どこにいるのかを常に目を離さず見守るようにしています。それは担任だけで行う作

業ではありません。一人の担任の目だけでは、自ずと限界をむかえるので、必ずたくさんの目、価値観で、子どもの真実に迫らなくてはならないと考えています。

　子どもたちは毎日遊びながら、自分自身の物語を作り続けます。幼児期はその物語が幸せなものならいいと思っています。

　私たちが考える子どもの幸せとは「あなたはあなたのままでいい」ということを体感することだと思っています。自分自身がかけがえのない大切な存在だと感じながら、日々さまざまな体験をしていくことにこそ、幸福な物語があるのではないでしょうか。時にはけんかをしたり、叱られたりもしながら、「そのままの自分」を受け止めてもらえる。そんな環境の中で過ごし、充実した、幸せな物語を持つ子は、その後多少荒波が寄せてきても、きっと上手に乗り切ることができるのではないでしょうか。

　子どもの傍らにいるということは案外と難しいものです。ついつい自分が物語の主役になってしまうこともあります。保育者は主役ではありません。子どもの物語の中にちょっとだけ登場を許された脇役であらねばと考えています。

## 三つの教育目標

　私たちの園は、「自分のいやなことは人にはしない。自分がして欲しいことを人にしてあげられる子ども」「自分自身が地球の中の自然の一つと感じられる子ども」「人生における智慧を身に付ける」という三つの教育目標を持っています。

　「自分のいやなことは人にはしない。自分がして欲しいことを人にしてあげられる子ども」はコミュニケーションの基礎を作ることと捉えています。それを体現するために園ではわらべうたをたくさん遊びます。みどりの森ではわらべうたを「人間関係を遊ぶうた」と捉え、子どもの遊びの重要な要素の一つとしています。

　また、絵本や物語をたくさん読みます。それは、言葉という最高のコミュニケーションの道具を獲得することと同時に、他者の人生を体感することでもあります。物語をたくさん知っている子どもは、困難にぶつかった時、物語の主人公から力をもらえます。他者の人生を体感することは「自分がいやなこと」とは何か、「人にしてはいけない」ことは何かという答えを探ることだと思っています。

　「自分自身が地球の中の自然の一つと感じられる子ども」を体現するために、みどりの森では自然体験活動を積極的に行います。山に入り、自然の中で遊ぶことで、子どもたちは自然と触れあい遊ぶことを楽しいと感じていくでしょう。

そして、それがいつか「自分自身……」というところに結びついていけば良いなと思っています。

「人生における智慧を身につける」とは、字を覚えるとか、英語を身につけるといった目の前にある知識を身につけるということではなく、人生の「真理」を身につけることと考えています。「人生の真理」とはなんでしょうか。それは結局「良く生きる」ことではないでしょうか。人それぞれに自分の人生を精いっぱいに良く生きること。それが、生きる力ということではないかと思います。人生の初めての社会生活。その船出は幸先の良いものにしたい。みどりの森で過ごした日々が子どもたちの中に良き思い出として残り、いつか熟成されて子どもたちの力になっていくこと。それがみどりの森幼稚園の一番の願いです。

## 園をつつむ環境

みどりの森幼稚園は仙台市の中心部から、車で10分くらいの場所にあります。マンションや、ビルに囲まれた市街地の中です。南側、東側は4階建ての社宅があり、西側は駐車場になっています。そんなビルに囲まれてさえも、「みどりの森」であり続けたいという思いから、平成17年に園庭に狭いながらも「本物の森」を作りました。これは元横浜国立大学教授の宮脇昭先生の「ふるさと

の森作り」方式での森作りです。幼苗を密植するという方法ですから、まだまだ小さな木ばかりですが、いずれ、本物の森になってくれることと思います。

また園庭には小さな畑があって、四季を通じて、野菜を育てています。園庭はあまり整ったものにはしていません。子どもが好きなところに穴を掘るので、でこぼこしています。そこに水たまりができます。庭の隅にはハーブや、ほおずきなどの宿根草をたくさん植えています。季節ごとに生えてくるさまざまな植物を生活の中に取り入れることが季節を楽しむ基本ではないかと思っています。

ふるさとの森の中には、どんぐりの木もたくさんあります。いつかそれが実をつける日を今から心待ちにしています。

## 食が変わって、保育が変わる
～食の成長がもたらした園の成長～

「小麦のアレルギーがあるのですが、入園できますか？」この一本の電話がきっかけでした。当時の私たちには小麦アレルギーに対する知識はほとんどなく、「アレルギーには対応しますので、一度園をご覧ください」と気楽に答えました。小麦粉を使った食べ物を食べさせなければ良い。最初はその程度に考えていましたが、保護者に会ってよく話を聞くと、すぐにその考えは甘いということを思い知らされました。小麦粉製品はもちろん、微量の小麦粉でも口に入るとアナフィラキシーショックを起こし、対応が遅れれば死に至ることもある……。しかしそう聞いてさえも、まだまだ私たちの認識は、実感が伴っておらず、「パンはやめよう。クッキーも米粉で作ればいいのかな」程度の理解でしかありませんでした。

保護者はそんな私たちの反応に不安を抱き、「食べる活動のある日は事前に言っていただければ休みます」とおっしゃいました。しかしこれだけは解せません。「仲間を休ませてまでしなければならない活動なんてない」。甘い私たちではありましたが、これだけは確信しました。そこからが始まりでした。「アユトが園にいる2年間はすべての活動に、小麦粉はいっさい使わないでやってみよう」と決心しました。それまでの給食も今と変わらない手作りではありましたが、月に一度、カレーの日があり、その美味しさは園の自慢でした。また、園で飼っているニワトリの産む卵で作るホットケーキは子どもたちも楽しみにしていました。それ以外にも、おでん、クッキー作り、サンドウィッチパーティーなど、やめなくてはならない活動はいくつもありました。それでも「仲間を休ませない」このことを一番に考え、もう一度給食と「食」に関する実践を一から見直すことにしました。

小麦粉を使わないメニューを考えていった結果、「和食」に行き着きました。サンドウィッチやホットケーキをやめるなら、おいしいごはんをだそう。それならば、飛び切りの米を使おう。そこで、環境保全米の白幡さんのお米を取ることにしました。お米が最上ならと、野菜も無農薬の宮城産のもの、それなら調味料も国産で、安全なものに……とどんどん方針が決まりました。カレーに代わる和食ってなんだろうと考えた時に、宮城県の郷土料理のおくずかけが浮かびました。根菜類をたっぷり煮込んだ汁には変わりません。月に一度のカレーの日をおくずかけの日に変更しました。

　給食は変わりました。しかしそれは給食が変わったというとだけではありません。暗中模索しながら進めてきた、保育の道に一つの明かりが灯ったような気持ちでした。探りながらも、常に子どもにしっかりと向き合うことはしてきた、それは間違いなく正しい道だったと確信できる出来事となりました。

　再園から7年。歴史は古いけれど実績はない私たちの中で今、一つの自信が生まれました。「一人ひとりを大切にするということは、結局はみんなを大事にすることにつながる」。おいしくて、安全で、環境にもやさしい給食。そしてそれを支えてくださる多くの人の手。今給食は、園を表現する一つの形になりました。実績は作っていくもの。それも、一つひとつていねいに積み上げていくことなのだという確信が、私たちの中の自信にいつしか変わったのだと思います。

　みどりの森幼稚園では、これからも食の足跡を残しながらいきますが、その足跡は今まで以上にしっかりとしたものとなっていくと思います。

## 食を担当するということ

保育者・給食担当　安東厚美

　私は、食を担当する以前はこの園で日々の保育を担当していました。今は給食のメニューを決め、食材の注文や買出しを行い、調理をしています。また、食に関する保育の補助や、生産者の方々との交流などを担当しています。代わった当初は「調理？　私にできるだろうか」とほんの少し不安もありましたが、担当してすぐにわかったことは「食は日常生活の大事な部分、子どもの保育を担うことには基本的に何も変わらない」ということでした。

　給食を作る時には、子どもたちが、いつでもやりたい時に手伝えるようにしています。ある日あおむし（3歳児）の子が、家族とりんご狩りにいって、「みんなに食べてもらいたい」とりんごをたくさん持って来てくれました。「お昼にみんなで食べようね」とその子といっしょに皮むきをしていると、それを見た何人かの子が、「何してるの？」「私もむきたい」と集まってきました。そこへ、なんとなくクラスの仲間の中に入りにくく感じていたけやき（5歳児）の男の子が、「オレ家でやったことある」と得意そうに赤い皮を少しも残さずむいて見せました。それを見たあおむし（3歳児）たちは、目を丸くしてびっくり。けやきのお兄さんは、ますます得意顔です。近くでけやきの子がクラス活動のミーティングの準備をしているのにも、気づくようすもなく、結局3個のりんごをきれいにむき終わると、いちもくさんにクラス活動の中へと戻っていきました。食事作りの空間が、子どもたちの人間関係をつむぎだすひとつの場を提供しました。まさに、ここは保育の場だと実感した瞬間です。

　給食のメニューも、親、保育者、祖父母、農家や生産者の方、卒園児の母である栄養士の方々など、子どもに関わるいろいろな立場の方の思いやアイディアを集めたうえで決めています。この本の中で紹介している郷土料理もすべて園児のおばあちゃんやお母さんたちに教えていただいたものです。どれも、地産の物をおいしく食べられる知恵が詰まったメニューです。

　また、「子どもに食べさせたくて、無農薬で作ったから」と給食で食べているお米を作って下さる農家の方が、パプリカを送ってくださったりもします。そのパプリカにたまねぎも加えて米粉揚げにしたところ、「このピーマンみたいなのは食べられるよ。不思議〜！」と子どもたちがパクパク食べていました。

　暑い日には、みそ汁を冷汁に変更したり、雪遊びの日には、みそ汁の具の野菜を素揚げにしたり、上新粉の餅入りに変更したりします。親か、季節や子どものようすを見ながら、家庭で食事をつくることと何も変わりません。幼稚園の給食室は、大家族の台所といったところです。アレルギーの対応が必要な子も同じ空間で、同じものをいっしょに食べて欲しいと思い、どうしたら良いの

かを保護者といっしょに考えてきました。おかげで、在園中一度もアナフィラキシーショックを起こさずに過ごすことができました。

安全で、安心な食事作りは、健康や命を守ります。そして本物の味を伝承していくことは、子どもの味覚を守るということだけでなく、生産者や次世代の環境を守ることになるのだと思います。そんな責任を感じながら、たかが一食、されど一食。「食」という視点から子どもに関わること、それはこの園の保育を担っていることだということを実感し、やりがいのある毎日を送っています。

### ◆ 親として、管理栄養士として、みどりの森幼稚園にかかわって

卒園児母・管理栄養士　深澤　律子

「おいしいごはんは、おうちのごはんと、ようちえんのごはん～」

これは、3番目の娘がみどりの森幼稚園に在園していたころに口ずさんでいた言葉です。

我が家では、幼稚園が開園したときに2番目の娘がお世話になり、そのあと3番目の娘まで、6年間も幼稚園に通いました。娘たちは幼稚園で出される給食を毎回楽しみにしていました。子どもたちばかりではありません。夏の親子参観の日などは、ハーブや花を凍らせた美しい氷の浮かぶそうめんに、手作りのだしつゆ、揚げたてのてんぷら……母子ともども感謝していただいたものでした。

その後、娘が卒園してからは、管理栄養士という立場で幼稚園の給食献立を考えるお手伝いをしています。どの子にもおいしく食べてもらう献立を考えるのは大変ですが、和食を基本とし、季節ごとにその土地でとれる食材で作る食事を考えることはやりがいがあります。なかでも、おやつ作りは給食担当の厚美先生と何回も試作を繰り返して苦労しました。園にはアレルギーの子がいるので、小麦粉は使いません。そこで、上新粉（うるち米）や、片栗粉（じゃがいもでんぷん）、寒天などでできるおやつを考えることにしました。小麦粉たんぱく質のコシやもち米特有の粘りは、上新粉や片栗粉では出にくいので、ケーキが膨らまなかったり、まったく歯ざわりの違うお菓子になったりと試行錯誤の連続でした。

片栗粉で作るくずもち風のうぐいすもちや、イチゴのお菓子など、試行錯誤の上に考えたものは、とても好評だったと聞きました。干し柿を使ったおやつもいくつか提案しましたが、最後は郷土料理から探しだした「柿のり」を作ることになりました。「柿のり」は地味なおやつですが、意外にも子どもたちに好評で驚きました。このときばかりは郷土料理の底力を感じました。

このように、試作を繰り返すなかで、自分の調理科学の知識を役立てること

ができ、厚美先生をはじめとする先生方や、何より子どもたちが喜んでくれたことは私にとって、うれしい経験になりました。

　また、保護者向けに食生活の講話を依頼された時には、試食用に発芽玄米や雑穀、三分づき玄米をそれぞれ2割混ぜて炊いたごはんや野菜のたっぷり入った味噌汁、手作りふりかけなどを用意して、子どもにとっての食べやすさや食材のおいしさを実感してもらいました。幼稚園では「おいしく健康的な和食」を作るために、天然のだししか使いません。天然のだしには複雑な旨味があります。だしを使った汁物はしみじみとしたおいしさが味わえます。よいだしを使えば味に深みが出るので、薄味でもおいしいし、味覚が敏感になり、食材そのものが持つおいしさを実感できるようになります。卒園児の母と管理栄養士の二つの立場ゆえの思いと知識を活かして、これからもみどりの森のお手伝いをしていきたいと思っています。

　子どもたちはいずれ、青年期を迎える頃には肉や油を多く使った食事をすることになるかと思いますが、幼児期にごはんのおいしさ、味噌汁のだしの香り、つけものの歯ごたえ、野菜の煮物の滋味深さを覚えてほしいと思います。中高年になって「健康」を意識したときに、子どもの頃に育まれた和食のおいしさ、豊かな味覚、楽しい食事の記憶が望ましい食習慣につながってくれるのではないかと思います。

　台所からごはんの炊ける匂いがして、だしのよい香りが漂い、野菜の刻む音が聞こえてくる。みどりの森幼稚園では、そんなしあわせな風景のなかで子どもたちがゆったり育っています。

第 2 章

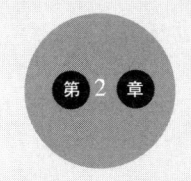

# 幼稚園の食育を考える

# 1 保育を通して「食育」の未来を探る

平本福子

## 1 はじめに

　私は調理学を専門とし、管理栄養士養成課程の調理教育に携わっています。また、子どもの食教育には、学生時代の子ども料理教室のアルバイト以来、数十年間楽しみながら関わってきました。

　はじめてみどりの森幼稚園にうかがった時には、他の幼稚園にはない雰囲気に驚きました。園庭ではスコップでひたすら穴を掘っている子がいると思えば、廊下一面に新聞紙が散らかり子どもが走りまわっていて、部屋の中に目をやれば、絵本を静かに読んでいる子も。また、その日はちょうど給食があったので、調理室では保護者の方々が給食づくりをしていらっしゃいました。赤ちゃんをおぶった方が数名、小さなお子さんを連れた方もみえました。そして、調理室には子どもが自由に出入りし、「なにつくっているの？」と寄ってきたかと思えば、また走り去っていく等々。見慣れない光景の連続がみどりの森幼稚園との出会いでした。

　それから幾度か園にうかがい、またこの本をつくるプロセスを通して、しっかりつきあうことになりました。そのうちに、私が当初感じていた戸惑いが、子どもの食育を考えるうえで重要な意味をもっているのではないかと思うようになりました。それは私にとってワクワクする日々の連続でした。

　本稿は3部構成になっています。まず、食育とは何かについて、その概念やねらいを整理します。次いで、子どもの食育を中心として、近年の食育をめぐる動向を概観します。最後に、食育にとって重要と思われる視点から、みどりの森の食の実践をみてみたいと思います。

## 2 食育とは

　食育基本法が制定され、国の食育推進基本計画に基づいて、都道府県ならびに市町村にお

ける食育推進計画の策定が進みつつあります。また、食育に関するイベントや書物も多く見られるように、今や食育は官民あげての一大ブームとなっています。

　一方、このような食育推進の大合唱の中にありながらも、食育とは何かの定義が明確にされているとは言えません。では、「食育」という言葉はいつから使われたのでしょうか。1898（明治31）年に石塚左玄著『食物養生法』に「食育」という言葉が始めて登場します。次いで、1903（明治36）年の村井弦斎の新聞連載小説『食道楽』の中で「先ず智育よりも体育よりも一番大切な食育のことを研究しないのは迂闊の至りだ」と言っています。この表現はしばしば引用されているのでご存知の方も多いかもしれません。しかし、「食育」という言葉が一般に定着するには至らなかったようです。

　1980年代に入ると、小児科医の真弓貞夫や教育学者の飯野節夫が雑誌などで「食育」のすすめを述べていますが、その取り組みは広がりませんでした。1990年代には食生活ジャーナリストの砂田登志子が海外の食に関する教育事情を紹介する際の訳語として「食育」を用いていますが、概念的には明治期の「食育」を踏襲したものではありません。そして、2000年代以降の「食育」は、栄養・健康、食料生産、食の安全などの分野で行われてきた、さまざまな食に関する取り組みを「食育」という言葉で括って用いられているのが特徴といわれています。[1]

　では、近年制定された「食育基本法」(2005)[2]では「食育」をどのように規定しているのでしょうか。その前文では「食育を、生きる上での基本であって、知育、徳育及び体育の基礎となるべきもの」とされ、明治期のものに近い表現が用いられています。また、「様々な経験を通じて『食』に関する知識と『食』を選択する力を習得し、健全な食生活を実践することができる人間を育てる」ことを食育のねらいとしています。ところで、基本法では食に「」がついているのはなぜでしょう（本書も「」つきの食です）。それは、人間の食は多面的で、かつ多様なのでひとことで言い表せないからです。食育がもつ本質の一端をみるようで、興味深いところです。

　一方、近年において食育の定義を明記した初めてのものは、1999年「乳幼児からの健康づくりと食育推進のための基礎調査報告書」[3]による「食育──食べることの意味を理解し、一人一人が自立的に食生活を営む力を育てることや、それを実現しやすい食環境づくり、それらを支援・推進するネットワークづくり」であるといわれています。ここでは、個人への働きかけとともに、食環境の整備や支援体制が食育の範疇とされていることが注目すべき点です。

　また、足立己幸は食生態学の視点に基づき、かつ国内外の栄養教育の動向を踏まえて、食育の定義を次のように提案しています。「食育とは人々がそれぞれの生活の質（Quality of life：QOL）と環境の質（Quality of environment：QUE）のよりよい共生につながるように、"食の成り立ち（育ち）"の全体像を育てつつ、その成り立ちを活かして食を選択し、実践できる力を育てること、並びにそれを実践しやすい食環境を育てるプロセスである」(2005)。そして、この定義の特徴を、

①多様な人生観・価値観やライフスタイルに対応した、それぞれの生活の質を重視すること、
②"食の育ち"という個人・家族・地域の各レベルでの食活動とそれを営む力の形成を含む概念を提案し、食料生産から食卓までのフードシステムやマスメディア・学校・地域などからの情報の受発信の、食の循環の全体像を豊かにすること、
③食は栄養や健康にかかわる側面だけでなく、心、文化、経済や社会、自然などの多側面をもち、かつ多様である。"食の育ち"について、これらの各面を複眼的、包括的にとらえる必要があること、
④食環境を人々の生活の質の向上の条件または手段としてとらえるだけでなく、生活の質と環境の質のよりよい"共生"に注目し、これを食育の最終目標におくこと、
と述べています[4]。これらは今後の食育を考えるうえで重要な視点であると思います。

私は食育のなかでも食事をつくる（準備する）力の形成としての調理教育が専門です。調理教育というと、包丁の使い方などの、料理づくりの技能教育のみに受けとめられがちなことから、あえて「食事づくり教育」という表現を用いています。食事づくりは人間が日々の生活を営むうえでの労働であるとともに、創造的でかつ美的な営みです。また、時代を越えて、家庭・学校・地域などで伝承される食文化でもあり、その食材料は国の内外を含め、さまざまな自然・社会環境の中で生産・流通されたものです。ですから、私は食事づくり教育を"食における人間の生活の質と環境の質のよりよい共生"を具体的に、かつ楽しく行うことができる食育として位置づけています。

## 3  近年の食育をめぐる動向

近年の食育の動向を概観すると、2000（平成12）年に「食生活指針」が改訂され、厚生省、農林水産省、文部省（当時）の3省合同で閣議決定されたのがひとつの転換期であったといわれています。従来、栄養・健康、食料生産、学校教育の各分野がそれぞれ取り組んできた、いわゆる縦割り行政を超えて、3省が連携して取り組もうということですから画期的なことです。その背景には戦後の高度成長とともに私たちの食生活が大きく変化し、生活習慣病や孤食（ひとり食べ）の増加、食料自給率の低下など、さまざまな「食」の課題が顕在化してきたことがあげられます。その後、2002（平成14）年には3省連携による食育推進連絡会議が設置され、2005（平成17）年4月に学校における食に関する指導を担う栄養教諭制度の施行、同年6月「食育基本法」の策定、2006（平成18）年3月食育推進基本計画の策定へとつながっています。では、以下にそれらについて詳しく述べます。

## 1・「食生活指針」(2000)[5] が示す、食育の方向性

　「食生活指針」とは国民の健康増進、生活の質の向上、食料の安定供給の確保などを図ることを目的として策定されたものです。一方、食育の視点からみると、食生活指針は望ましい食生活の方向性を示す目標であり、食育を進めるうえでのツール（教材・媒体）といってよいでしょう。

　では、最も新しい「食生活指針」をみてみましょう。①食事を楽しみましょう、②1日の食事のリズムから健やかな生活リズムを、③主食、主菜、副菜を基本に食事のバランスを、④ごはんなど穀類をしっかりと、⑤野菜・果物、牛乳・乳製品、豆類、魚なども組み合わせて、⑥食塩や脂肪は控えめに、⑦適正体重を知り日々の活動に見合った食事量を、⑧食文化や地域の産物を活かし、ときには新しい料理も、⑨調理や保存を上手にして無駄や廃棄を少なく、⑩自分の食生活を見直してみましょう、の10項目からなります。

　さて、ここで注目すべきは、「○○を食べましょう」を主とする従来の指針とは異なる点があることです。1点目は、①で「食事を楽しみましょう」と、QOL（Quality of Life：生活の質）の向上につながる包括的な概念が示されたことです。それはたんに楽しく会話しながら食事をするということだけではなく、自分の嗜好にしっくりあった食事を食べる喜び、体調にあった食事を食べる安心感、旬の食材のおいしさを味わうワクワク感、みんなでいっしょにつくり、食べる楽しさなど、食べることだけでなく作ることも含めて、人間が食事に求める多様な「楽しさ」をさしています。

　2点目は、⑧で「食文化」や「地域産物」などの地域性や伝承性を大切にすることとともに、「ときには新しい料理で」と、食生活の伝統的な側面と時代に応じて変化する側面の調和をあげていることです。そこにはややもすると懐古主義に偏りがちな食の伝統観への警鐘を垣間みることができます。

　3点目は、⑨で食物の無駄使いや廃棄について触れていることです。世界では食料不足による栄養失調の人が約8億人もいるとされるなか、日本では多くの食物を食べ残し、廃棄しています。京都市の調査によると、台所ゴミの1／3が食べ残しで、その1割は手つかずのままの食品でした。

　4点目は、⑩でセルフチェック、すなわち、専門家や家族まかせにしないで、自分で自分の健康や食生活を点検することが示されたことです。食生活は毎日、しかも日に3回も行うことですから、その度に誰かに頼るわけにはいきません。また、健康状態やどのような食生活をしたいかは人によって異なりますから、自分で確認することが望ましいのです。当たり前のことのようですが、このような考え方は従来の指針にはみられませんでした。

## 2・「楽しく食べる子どもに──食からはじまる健やかガイド」(2004)[6] が語る子どもの食育のねらい

　上記「食生活指針」の流れを受けるようにして、子どもの食育の具体的支援方策として、「楽しく食べる子どもに──食からはじまる健やかガイド」（厚生労働省）が出されました。

このガイドでは、食育のねらいを「現在をいきいきと生き、かつ生涯にわたって健康で質の高い生活を送る基本としての食を営む力を育てるとともに、それを支援する環境づくりを進めること」としています。子どもの食の育ちだけでなく、それを支援する環境づくり（人材育成、システムづくり等々）を食育のねらいとして位置づけていることは注目すべきことでしょう。

　また、「子どもの健やかな心と身体を育むためには、『なにを』『どれだけ』食べるかということとともに、『いつ』『どこで』『誰と』『どのように』食べるかということが重要になります。人との関わりも含め、これらのほどよいバランスが、心地よい食卓を作り出し、心の安定をもたらし、健康な食習慣の基礎になっていきます。またそうした安定した状態のなかで、食べるという自分の欲求に基づき行動し、その結果から学ぶ自発的体験を繰り返し行うことで、子どもの主体性が育まれることにもなります。」と、食を通じた子どもの育ちについて描写しています。

　そして、食育の大目標を「楽しく食べる子どもに」とし、子どもの食生活調査結果などに基づいて5つの下位目標、①食事のリズムがもてる、②食事を味わって食べる、③いっしょに食べたい人がいる、④食事づくりや準備に関わる、⑤食生活や健康に主体的に関わる、があげられています。さらに、幼児期についてみると、「食べる意欲を大切に、食の体験を広げよう」を大目標に、①おなかがすくリズムがもてる、②食べたいもの、好きなものが増える、③家族や仲間といっしょに食べる楽しさを味わう、④栽培、収穫、調理を通して、食べ物に触れはじめる、⑤食べ物や身体のことを話題にする、とされています。

### 3・「乳幼児の食育実践へのアプローチ」(2004)[7] による食育実践の提示

　上記の「楽しく食べる子どもに──食からはじまる健やかガイド」と併行して、同年に「楽しく食べる子どもに～保育所における食育に関する指針～」が厚生労働省から出されました。そして、この指針を踏まえて、保育所、児童福祉施設、幼稚園、子育て支援センターなどにおける食育の実践活動の充実のために、「乳幼児の食育実践へのアプローチ」（保育所における食育研究会）が作成されました。

　そこでは食育の実践に向けて、食育の活動がいかに多種多様であるか、そのためには適切な環境構成や配慮をどのようにしていけばよいか、また、保育計画の中に食育を盛り込みながら、計画、実施、評価・見直しを通して、よりよい計画に修正していくことなどのポイントをあげています。また、実践記録を書くことは自己課題を明確化し、活動を振り返る力をつけることとともに、個人だけでなく、組織全体での共通理解をすすめるためのものであると位置づけています。そして、充実した食育実践のためには、子どもの姿に目をむけ、活動を記録し、子どもを見る目や、自分の評価観を育てることが重要であると提起しています。

### 4・栄養教諭制度[8] ──学校における食育の推進役──

　子どもの食育に関することでは、学校における食育推進のキーパーソンとして、栄養教諭

（管理栄養士又は栄養士を基礎資格とする）が2005（平成17）年4月に誕生したことも注目すべきことでしょう。

　栄養教諭の役割は、「学校給食を生きた教材として活用し、実際に『食べる』ことを通した効果的な食の指導を行うことが期待されていることから、食における指導と学校給食の管理を一体のものとして、その職務とする」とされ、具体的には、専門性を生かした個別指導・助言や給食の時間、学級活動、教科指導などでの食の指導、学級担任や教科担任などと連携し、年間活動計画における食に関する指導の計画、保護者への助言や地域社会での食に関する行事への参画など、学校における食育のコーディネーターとしての役割が求められています。

　残念ながら今のところは、都道府県の財政の厳しさなどが栄養教諭採用の障壁となっており、各学校に配置されるというような状況にはありません。しかし、栄養教諭として活躍されている方の話を聞くと、「私の存在が先生方の横の関係をつなぐ役割があると感じます」など、その役割の大きさを再認識させられます。今後、栄養教諭が広く社会に実績を示すことを通して、この制度が定着していくことが期待されます。

## 5・「食育基本法」（2005）[2] ―法において食育の推進が定められる―

　「食育基本法」はこれまで文部科学省、厚生労働省、農林水産省がそれぞれ実施してきた食育推進政策を集大成して再編し、法的に体系化したものです。その基本理念は前述したとおりですが、以下のような多側面からの目標が掲げられています。「国民の『食』に関する考え方を育て、健全な食生活を実現するとともに、都市と農村漁村の共生・対流を進め、『食』に関する消費者と生産者との信頼関係を構築し、地域社会の活性化、豊かな食文化の継承及び発展、環境と調和のとれた食料の生産及び消費の推進並びに食料自給率の向上に寄与することが期待される」

## 6・「食育推進基本計画」（2006）[9] ―食育基本法を具体化する流れ―

　「食育推進基本計画」は、「食育基本法」に基づき、家庭、学校、保育所、地域などにおける取組みや食育推進運動の展開方法、生産者と消費者の交流促進、食文化の継承、食品の安全性や栄養などの食生活に関する調査や情報の提供などについての国の基本計画を示したものです。そして、この国全体の「食育推進基本計画」を受けて、地域の特徴を活かした食育推進計画を、都道府県ならびに市町村において作成する作業が現在、日本各地で進行しています。ちなみに、宮城県では2006（平成18）年11月に「宮城県食育推進プラン」が、仙台市は2007（平成19）年3月に策定されました。今後は市町村での食育推進計画の作成が進められ、私たち一人ひとりの身近なところでの食育の活動の推進へとつながっていきます。

　また、前述したような「食」の幅広さは、食育推進を検討する食育推進会議委員の構成にも反映されています。たとえば、宮城県では教育関係者（保育所・小学校・中学校）、地域活動関係者（管理栄養士・食生活改善推進員・婦人団体）、医師、農漁業関係者、学術関係

者、行政関係者、公募委員などさまざまな立場の委員20名で構成されています。このような委員の構成に象徴されるように、地域での食育推進のためのポイントは、多種の人材・機関の連携にあるといわれています。他職種と連携することにより、今までの活動に新たな視点が盛り込まれることが期待されています。

　本書は保育者と食・栄養関係者との連携の賜物、まさに異業種連携の事例といえるのではないでしょうか。

## 4　みどりの森幼稚園の食の実践をみる

### 1・食の営みの"フルコース"を味わう醍醐味

　料理づくりは包丁の扱いなどの調理操作に目がいきがちですが、どんな料理をつくろうかと構想することから、食材の入手、調理、盛り付けを経て食事として食卓に出す、そして、片付け・保存までのいくつもの行程で構成されています。

　みどりの森幼稚園の実践をみると、子どもたちがこれら料理づくりのほとんどの行程を体験していることがわかります。たとえば、「ロールはくさいづくり」（P67）では、園庭で収穫したはくさいをどのような料理にするかを考えるところから、料理づくり、そして、できた「ロールはくさい」をみんなにふるまうところまで行っています。また、味噌汁づくり（P59）、お好み焼きづくり（P29）など、多くの実践もそうです。そして、この料理づくりの"フルコース"体験は、みどりの森らしい実践——子どもたちが次々にアイデアを出し、保育者がそれを触発し、支える——として、第1章の実践記録にみごとに描かれています。

　しかし、みどりの森では"料理づくりの全行程を体験しよう"と意図して実践しているわけではありません。生活としての保育、その中で生じる食の営みとして行っているだけなのです。

　料理保育と称して、すべての食材がテーブルに整えられ、"幼児でもできる"と考えられることを子どもたちが体験する食育実践が多くみられます。私も同じようなことを行ってきました。このような食育に対して、みどりの森の実践は、もっと食を生活全体の中でとらえること、日常の保育の自然な流れの中で

出典：厚生労働省「楽しく食べる子どもに」

とらえることの意義を提起しています。

　さらに、みどりの森の実践は、料理づくりの"フルコース"だけでなく、食の営みの"フルコース"にまで展開されています。

　園庭（畑）での野菜栽培や鶏の飼育から、それを使った料理づくり、そしてみんなでおいしく食べた後は、生ゴミをコンポストに入れ堆肥にし、できた堆肥は畑へという、食の循環のフルコースなのです。また、みどりの森から歩いて5分のところに、スーパーマーケットがあります。スーパーマーケットにはたくさんの食材があるので、子どもたちが食材を入手する段階からの食育を体験することができます。この"食材の大型倉庫"としてのスーパーマーケットは、みどりの森の食育実践を支える大切な食環境のひとつです。

　ある子は毎朝鶏の卵を見に行くことを楽しみにし、ある子はスーパーマーケットで買い物カートを押すのが大好き、ある子は生ゴミをコンポストまで運んでいくのを自分の仕事と思っているなど、子どもにより関心をもつところは違いますが、みどりの森の子どもたちは日常の園生活の中で、食の営みのフルコースを体験しています。決して、その一部を切り取った実践ではありません。

　そして、これらの体験の積み重ねが、みどりの森の食の実践における、子どもたちのアイデアの豊かさや"何でもやってしまう"たくましさの源泉になっていることはいうまでもありません。

### 2・子ども自身が自分の食べる量を決める

　みどりの森の給食はバイキング方式で、子ども自身自分の食べる量を決めます。それはこの幼稚園の"一人ひとりの子どもの違いを認める"という保育理念に基づいています。また、私が給食担当の保育者に「子どもたちは〇〇をどれくらい食べますか？」とたずねるたびに、「子どもによって違うので……」としばらく考え込まれるようすが見られることからも、この幼稚園が子どもの食事量を集団でなく、個としてとらえていることがわかります。

　しかし、なんでも好きなものを好きなだけ食べてよいということではありません。肉のおかずは限られた分量しか出ません。みどりの森の子どもたちも、やはり肉料理が好きで、鶏肉のから揚げなどはあっという間になくなるそうです。でも、肉のおかずがなくなったら、おにぎりを食べるようにちょっと声をかけるだけで、子どもたちがおにぎりを食べるようになっていくのだそうです。このように、みどりの森の給食ではごはんが食事量の調節になっています。また、ごはんがおにぎりになっていることで、子どもが気軽に取りやすく、かつ食べやすくなっているのです。そして、自然に、ごはんをしっかり食べる日本型の食事習慣が身についていくというわけです。子どもの嗜好に偏り過ぎず、かといって強制ではなく……難しい課題です。保育者・栄養士の保育観、食育観が試されるところです。

### 3・郷土料理・伝統料理を日常の食事に活かす

　郷土料理とは地域で特産される食材を、地域の風土にあうように調理されたものといわれ

ています。また、近年、郷土料理にみられる食の知恵が再評価されていることは、多くの食育推進で述べられているとおりです。一方、食育の取り組みにおいて、郷土の伝統的な料理が「昔の食のよさを体験しよう」というイベントとして扱われている傾向がみられます。そこには、「今はもう作らないけれど」「日常的には食べないけれど」といった思いが透けてみえます。しかし、郷土の伝統的な料理を現代の食の営みに活かすことこそ、伝統を継承することといえるのではないでしょうか。

　みどりの森幼稚園では、郷土の伝統的な料理の知恵を日常の給食に活かしています。その代表的なものが「おくずかけ」と「味噌汁」です。

　「おくずかけ」とは、禅宗の普茶料理の「雲片」に似せて、春秋のお彼岸やお盆の精進料理として伝承されてきた実だくさんの汁です。数種類の野菜と豆腐、油揚げ、豆麩などをシイタケのもどし汁とともに煮込み、うーめん（県南地域特産の細麺）を加え、その名のとおり、葛で汁にとろみをつけたものです[10]。

　「おくずかけ」はどちらかというと行事食とされていますが、みどりの森では給食の定番料理のひとつです。四季の「おくずかけ」の例が口絵（P 8）にあるのでご覧ください。みどりの森の「おくずかけ」は子どもだけでなく、保護者の方々にも好評で、給食の「おくずかけ」を楽しみにして、食べにいらっしゃるお父さんもおられるとのことです。

　「おくずかけ」は、多種の季節野菜の活用、とろみがつくことによる喉ごしのよさ、冬季には冷めない・夏季には冷たさが保つなどの温度変化の少なさなど、先人たちの料理づくりの知恵がつまっています。みどりの森では、「おくずかけ」という料理をめぐって、郷土料理の奥深さに触れるとともに、料理を介して人と人がつながっていく、あたたかな物語がつむがれています。

　もうひとつの「味噌汁」は日本の各地で食べられているものですが、その頻度は「西低東高」といわれ、東北地方では味噌汁を本当によく食べます。それも、野菜などの具がたくさん入った「食べる味噌汁」ですから、おかず（副菜）なのです。私は「味噌汁」をこの地域の食育教材としてとても大切にしています。

　みどりの森の給食では、ごはん（おにぎり）と実だくさんの汁（おくずかけや味噌汁）が献立の核になっています（口絵参照）。ですから、味噌汁はみどりの森のキーフーズ（鍵となる料理・食べ物）のひとつです。保護者の方に「お子さんがみどりの森の給食を食べるようになって、何が変わりましたか」とたずねると、多くの方が「家で味噌汁をよく食べるようになった」「子どもに『味噌汁ないの？』と言われる」「味噌汁でいろんな野菜が食べられるようになった」と、味噌汁の話題をあげられます。近年、若い世代では味噌汁を作り、食べる人が少なくなったといわれています。みどりの森の給食は、日本の伝統的な食習慣のよさを、子どもだけでなく大人にも伝えているのです。

### 4・食材へのこだわりは料理づくりをも変える

　近年は多くの給食で地域生産物の活用（地産地消）や減農薬などの安全性の高い食材への

配慮がなされています。なかでも、乳幼児期の給食では、多くの関係者が留意しているといわれています。

みどりの森も同様に、食材の産地や安全性にこだわりがあることは第1章に記されているとおりです。私は当初、そのことを「他の幼稚園・保育所でもやっていること」と軽く受け止めていました。しかし、よくみていくと、みどりの森では、食材へのこだわりが料理づくりをも動かしていく力になっていることに気づかされました。

たとえば、「ごはんをしっかり食べる子どもにしたい」という漠然とした思いが、無農薬の米との出会いにより、「安全でおいしいごはんを食べさせたい」「みどりの森の給食はごはんが中心」という確信に変わっていきます。また、その米へのこだわりは、米をおいしく食べるためのいろいろなごはん料理へと発展していきます。

また、かわむら農園の野菜は「すごく甘くておいしいので、塩ゆでだけで食べる」「苦労して栽培された野菜だから、残さないように調理する。だから、レシピはその時の野菜に合わせて」など、まず先に「よい食材ありき」の料理づくりへと変化していきました。

いろいろ話をうかがっていくうちに、食材へのこだわりは、たんに地元で採れた野菜だから、無農薬だからということだけではないことがわかってきました。それは、その食材を作った生産者の熱い思いが届いているからなのです。無農薬米の白幡さんとのやりとりをうかがっていると、食材の作り手の思いがここまで食事をつくる人を動かすのかと感動させられます。また、かわむら農園さんの減農薬の野菜づくりの難しさをまるで自分のことのように話されるのを聞くと、「ああ、モノ（食材）じゃないんだ、ヒト（生産者）なんだ」という思いを強くもちました。

### 5・和食へのこだわりが実現させた「日本型食生活」の給食

みどりの森の給食は「和食」にこだわっています。「和食」は「日本料理」と同意語で用いられており、「日本の風土の中で独自に発達した伝統的料理」とされています[11]。日本は四季の変化があり、周囲を海に囲まれているので、野菜、大豆、穀類などの植物性の食材と魚介類を中心とした動物性の食材が豊富にありました。そして、穀類を主食とし、主食のごはんに、汁と副食（おかず）がふたつ（主菜・副菜）という基本的な食事の型ができました。

この日本の伝統的な食事が「日本型食生活」として注目されたのは、1980（昭和55）年の「80年代の農政の基本方針」[12]で「日本型食生活」が掲げられたことが始まりです。その背景には、人々の食事が肉類や油脂を中心とし欧米型に変化し、エネルギーの過剰摂取などの健康課題とともに、日本農業の基盤である米の消費量が激減したことがあげられます。

ただし、ここでいう「日本型食生活」とは、飯と味噌汁と魚・野菜の伝統的食生活への回帰ではなく、それらの伝統的な食事パターンに、肉、乳製品、鶏卵、果物などを加えた、健康的で豊かな食生活です[13]。

さて、みどりの森の給食をみてみましょう。春・夏・秋・冬の代表的な給食が口絵P4～P7にあります。この献立を、「日本型食生活」のよさを示す指標に用いられている、ＰＦ

Ｃ比率からみることにします。ＰＦＣ比率とは、Ｐ（たんぱく質）、Ｆ（脂質）、Ｃ（炭水化物）の三大栄養素からのエネルギー量が、食事のエネルギー量全体に占める割合のことです。健康的な食事としての適正比率は、Ｐ（たんぱく質）12～13：Ｆ（脂質）20～30：Ｃ（炭水化物）57～68とされています。

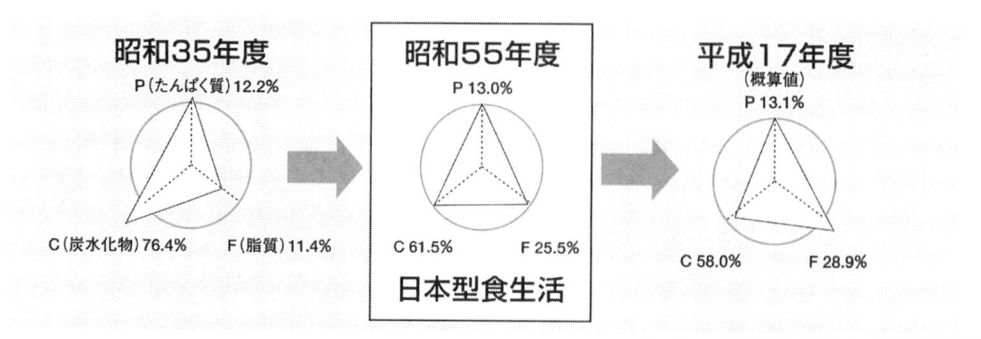

昭和35年度　P（たんぱく質）12.2%　C（炭水化物）76.4%　F（脂質）11.4%
昭和55年度　P 13.0%　C 61.5%　F 25.5%　日本型食生活
平成17年度（概算値）　P 13.1%　C 58.0%　F 28.9%

出典：内閣府「食育白書」2006年版

近年の食生活の変化をみると、脂質エネルギー比（以下、Ｆ比）は1950（昭和35）年11.4、1980（昭和55）年25.5、2005（平成17）年28.9と高くなっており、欧米型の食事になりつつあります。また、たんぱくエネルギー比は大きな変化がないことから、Ｆ比の増加と炭水化物エネルギー比の減少（主食のごはんの減少）は相反する関係にあります。それでも、日本人の平均値としてのＰＦＣ比率は適正の範囲にあることから、日本の食事が世界中からヘルシーだと評価されているのです。しかしこれはあくまで平均値であって、子ども（1～6歳）の食事のＦ比は28.5と脂質過多になっているのが実態です。

では、みどりの森幼稚園の給食のＰＦＣ比率はどうでしょうか。四季の代表的な献立の平均値はＰ14.9：Ｆ21.8：Ｃ63.3と、なかなかよい割合です。なかでも、夏献立に比べて冬献立はエネルギー量が約130kcalも多くなっているのにもかかわらず、Ｆ比は19.1から22.4とさほど高くなっていないことは注目すべきことです。

幼稚園は保育所のように給食の基準量が示されているわけではありません。実際、みどりの森の献立をたてている給食担当の保育者は食事・料理の分量を「こんな感じかな」と目分量で決めているとのことです。「ごはんをしっかり食べる」「日本の伝統的な料理を食べる」というふたつの目安、しかもこんな感覚的な目安でつくられた食事を、栄養面から分析したところ、「日本型食生活」としての合理性をもっていることが検証されました。さっそく、みどりの森でこのことを話したところ、「へえ、すごーい！」と、保育者の方々は自信に溢れた笑顔を見せてくれました。

### 6・料理レシピが語る保育者の視点

この本をつくるにあたって、せっかくユニークな料理があるのだから、料理のレシピも載せようということになりました。料理のレシピは材料の分量と作り方を表記するものです

が、その行間には「なぜそうするのか」という、作り手の考え、大げさにいえば価値観が溢れています。本書でいえば、料理のレシピには保育者としての気づき、意図が表現されているのです。

　たとえば、小麦アレルギーのひとりの子どものために、園児全員が小麦粉を使わない料理を食べることにしたことは、保育者としての強い思いからです。米粉や片栗粉を小麦粉の代用にして、レシピを考案していく道のりは、試行錯誤の連続だったとのことですが、「この料理はこの分量と作り方といった、一般的なレシピはあるのですが、それに合わせるより、みんなで楽しく食べられることが大切だと思うので」と、しごく当然のように話されます。このように書くと、アレルギーの子どもだけに代替食を作ることはいけないのかと思われる方がいると困るのですが、みどりの森のような考えや実践もあるというように受け止めていただければと思います。

　また、「春の味噌汁」（P122）は新しく園に入ってきた年少の子どもが、給食になじめるようにと、ナメコを入れて、「つるっと」食べられるようにしてあります。「里芋の甘味噌かけ」（P128）はそれぞれの子どもにあわせて食べやすい、または食べたいようにと、皮付きのまま、上だけ皮をむいたもの、皮をむいて切ったものなど、何種類もの里芋が用意されます。

　巻末の料理レシピには、上述したようなことを「みどりの森レシピのポイント」として記していただきましたのでご覧ください。

### 7・日常の保育に埋め込まれた子育て支援

　みどりの森では、時間と場所にかかわらず、保護者の方の姿をよくみかけます。お迎えの際にも、しばらく幼稚園で保育者や他の保護者の方と話をしておられます。小島園長に聞くと、「なんとはなしに、いろんな話をしているの」とのこと。このゆったりとした関係づくりが、みどりの森のなんでも相談しやすい雰囲気をつくっているのかもしれません。

　給食づくりは給食担当（専属）の保育者1名と保護者5、6名で行われます。この給食づくりへの保護者の参加は、順番で当番を決めるのではなく、やりたい人がやりたい時に申し出るようになっています。ですから、何回も参加する方もいれば、年に1回だけの方もいます。このように、一人ひとりの意思を大切にする、みどりの森らしさは保護者の方々にも共有されています。

　ある日の給食づくりをのぞいてみました。赤ちゃんを背負ったお母さんが3人と少し年配の方（近所の方で、強力なサポーターとのこと）など6名の方が、無農薬の栗の皮を包丁でむいていらっしゃいました。「栗の皮って、こんなに固いんだ」「虫くっているのがあるので、むくと小さくなるね」など、ふだんはしたことのない食材の扱いに会話が弾んでいます。「給食づくりに参加すると、いろんな料理が覚えられて」「子どもから、おいしかったから作ってといわれるので」と、給食づくりが若いお母さん方の食事づくり力につながっていることがうかがえます。

また、私が「へえ、そうなのか」と感心したのは、「豆味噌」づくり（P132）です。みどりの森の「豆味噌」づくりは、乾いた大豆をフライパンに入れ、20～25分間かけてゆっくり煎ります。その時、私はオーブンで煎れば、大量に簡単にできるのにと思いました。実際に給食現場ではそのようにしていると思います。しかし、しばらくみていると、2つのフライパンの周りに4人くらいのお母さんがいて、豆を煎る時間がゆったりとした会話の時間になっているのです。もし、豆をオーブンで煎っていたら、この会話は生まれなかったでしょう。

　また、給食づくりには、お父さんの姿もちらほら見られます。聞くと、特に料理づくりが好きだからというわけではなく、みどりの森の給食が好きだから、園に来るのが好きだからとのこと。

　こういう姿をみていると、給食づくりは子どもたちの昼食をつくることともに、子育て支援の場となっていることがわかります。近年、保育現場ではさまざまな子育て支援の取り組みがなされていますが、日常の保育の場の中に、ゆるやかな子育て支援の場を設けることもできるのではないか、それには「食」の場面がぴったり、そんな思いをもちました。


## 5　おわりに


　私は本稿で、近年の食育の動向や食育に関わる関係者で共有されている考え方をもとに、保育における食の実践の未来を探すことを試みました。みどりの森幼稚園という、具体的な保育の場を介して考えることができたのは幸いなことでした。一方、「食」や「食育」についての基本的なことがらを保育者の方々にわかってもらいたいと思うあまりに、説明が専門的になってしまっているところがあるかもしれません。その意図が伝わらないところは、私の力不足ですのでお許しください。

　みどりの森幼稚園との一年間を通して、幼児の食育を保育の視点からみることができました。私にとってこの経験は、まさに目からウロコの連続で、幼児の食育のおもしろさに目覚めた感があります。今後、保育者と栄養士が食育のあるべき姿を共有し、互いの専門を活かして連携し、子どもの"食の育ち"をゆったりと支援できるような実践を構築していきたいと思います。

（参考・引用文献）
1）森田倫子『食育の背景と経緯—「食育基本法案」に関連して—』調査と情報-ISSUE BRIEF-2004
2）「食育基本法」2005
3）日本栄養士会子どもの健康づくりと食育の推進・啓発事業委員会「乳幼児からの健康づくりと食育推進のための基礎調査報告書」1999
4）足立己幸『食育に期待されること』栄養学雑誌、63,4　2005

5）厚生省・農林水産省・文部省「食生活指針」 2000
6）厚生労働省「楽しく食べる子どもに―からはじまる健やかガイド」 2004
7）保育所における食育研究会編「乳幼児の食育実践へのアプローチ」 2004
8）中央教育審議会（答申）「食に関する指導体制の整備について」 2004
9）内閣府「食育推進基本計画」 2006
10）みやぎの食を伝える会編『ごっつおうさん―伝えたい宮城の郷土食』河北新報出版センター 2005
11）全国調理師養成施設協会『改訂調理用語辞典』 2002
12）農林水産省「80年代の農政の基本方針」 1980
13）食料・農業政策研究センター編『私達の望ましい食生活―日本型食生活のあり方を求めて』農林統計協会 1983
14）内閣府「食育白書」 2006

# 2 「生活による保育」の実現としての「食」の意味

磯部裕子

## 1 はじめに

　子どもたちが、ところかまわず掘り起こしてぼこぼこになった園庭。登園するなり、好きな遊びに無我夢中になって、遊びこむ子どもたち。おなかがすくまで中断されることなく続く遊び。そこには、大人や保育者によって作り出されたルールもなく、子どもたち自身が必要だと実感することもないままに決められた約束もない。保育者にリードされて遊びについていく子どもの姿もなければ、自分のやりたい遊びが見つけられずにいる子どももいない。子どもたちのペースで、子どもたちによって展開される生活がこの幼稚園にはある——これが、私のみどりの森幼稚園の第一印象です。

　縁があって、研究仲間や卒業生たちとたびたび園に足を運んでいますが、この園の保育をはじめて見た関係者のほとんどが、「こんな自由な保育ができるのですね」という感想をもちます。自分の勤務する園との違いを見つけながら、素朴な感想をもらす関係者のつぶやきは、今日の保育の現状を物語っているように思います。保育とは、そもそも生活を通して行うものではなかったのでしょうか。保育は自由な遊びを中心に営まれるものではなかったのでしょうか。おそらく、保育を学んだことのある人であれば、だれもがそんなことは十分理解しているに違いありません。しかし、現実に実践されている保育の多くがそれを実現できていないとしたら、それはなぜなのでしょうか。保育の世界が多くの課題を抱え、進むべき道を模索している今日こそ、私は、一度立ち止まってそのことを問い直してみる必要があるように思います。

　子どもたちの自由な遊びを尊重したいと考えながらも、子どもたちを型にはめた保育をしてしまっているとしたら、それはなぜなのでしょうか。子どもたち自身で自律する生活を支援したいと考えながら、保育者が決めたルールが先行しているとしたら、どこに問題があるのでしょうか。

　明日の指導計画を立てることも、来月の行事の準備をすることも、保育者の大切な仕事であることは間違いありません。しかし、それらの仕事が先行し、本来の目的、たとえばなぜ運動会をするのか、それによって子どもに何が育つのか、その育ちを援助するために、数ある保育のアプローチの中からなぜこの方法を選択したのか、という保育の本質に返ってみる

ことが二の次になっているとしたら、それは、保育者の責務をはたしているとは言えません。保育の本質を考察することがあって、はじめて保育という営みが意味あるものになるのです。

　みどりの森幼稚園は、運動会を行いません。綿密な指導計画もありません。しかし、保育の本質を見つめながら、子どもと真摯に向き合った保育者と、常に力強く生活する子どもたちとで織りなす保育の物語が生まれているように思います。まずは、そこから出発するのだ、という「当たり前のこと」を私に再確認させてくれたのが、みどりの森幼稚園の保育でした。

## 2　生活の中の「食」を考える

　みどりの森幼稚園の給食は、充実しています。その様子は、巻頭の写真や巻末のレシピをみていただければ、想像いただけるのではないかと思います。「食べること」は、私たち人間が生きていくうえで、きわめて重要な営為です。豊かになった今日では、ことさら「食べること」を考え直さなくても、私たちは空腹に悩まされることもなく、生活していくことができます。

　前述したように、幼稚園は生活による教育を基本としています。かつて、倉橋惣三は、「生活形態をなぜそんなに重んじるかというに、生活はその形態によってこそ、始めてその真実なる生活性を発揮し得るものであるからであります。生きているものは皆生活しているが、それが生活らしく十分に生活できるかできないかは、その置かれた形態によって支配されているものです。」[1]と述べました。幼稚園は、子ども自身が自らの手で生活を切り拓き、自律して生活できる場である必要があるのです。そうなると、幼稚園で過ごす一日は、どの時間帯も区切ることのできない意味のある「生活時間」ということになります。

　生活すること、つまり生きること、そのことを学ぶ場としての幼稚園があるとしたら、幼稚園生活において「食」に注目してみることは、極めて大きな意味を持つことになるのではないかと思います。

　確かに、幼稚園で野菜を栽培したり、料理をつくったり、という活動は、以前から保育内容に取り入れられてきました。しかし、それが本当に「生活」としての意味を持ちえていたのかということは考えてみる必要があるように思います。保育の中で料理を体験する、畑で野菜を栽培する、いもほりや果物狩りの遠足に行く、というような活動が、たんなる「楽しい体験」を行うものとなっていたとしたら、かつての新教育運動で体験や作業が「這い回る体験主義」と批判されたように、「総合的な学習の時間」の体験学習が、本物の学びに結びついていないと批判されると同様に、「体験」そのものの意味を見直さなければならない課題があるように思います。

幼稚園での生活は、まるごと保育内容となっているのです。ですからその生活すべてに意味があるのです。

## 3　ある幼稚園の給食風景

　幼稚園での生活を、まるごと保育内容として捉え直してみるならば、「昼食」もまた、大事な保育内容のひとつといえるでしょう。それは、たんなる「空腹を満たすためのもの」ではないはずです。
　児童福祉施設最低基準において調理室の設置が義務付けられている保育所とは異なり、幼稚園には給食を提供する義務がありません。したがって、園で給食を実施するか否かは、その園の教育方針によるものとなっています。
　保育制度が二元化されてきたわが国においては、保育に欠ける子どもが入所する保育所では、1947年の児童福祉法制定以来、給食が提供され、子どもの発育に必要な食事についての検討が進められてきました。
　一方、幼稚園では、給食を提供する義務がないうえに、保育時間も4時間を標準とすること（幼稚園教育要領　第1章）とされているため、調理室を設置して給食を提供するよりも、弁当を持参するようにしているところが、大多数でした。
　しかし、1990年代あたりから、園の特色のひとつとして、給食を実施する幼稚園が増えはじめ、現在では地域によって多少の差があるものの70％近い幼稚園が何らかの形で給食を実施しています。

　さて、私が訪れた幼稚園での出来事です。教育課程の研究のために足を運んだその園で、午前中の保育の観察を終えた私に、園長先生が、給食を勧めてくださいました。これも大切な観察の一場面になると思い、遠慮なく子どもたちといっしょに保育室で給食をいただくことにしました。
　その園は、昨今の幼稚園の多くが採用している外注方式の給食（宅配弁当）を週に3回実施しています。その日も、その外注の給食がすでに保育室に届けられていました。5歳児の保育室では、子どもたちは、慣れた方法で、給食の用意をし、当番の子どもが弁当をクラスの仲間たちの机に一つずつ置いていきます。全員の弁当が用意されたところで、声をそろえて「いただきます」をし、食事が始まりました。
　私のところにも当番の子どもが弁当を一つ届けてくれました。グループの子どもたちといっしょに弁当のふたをあけて、私はその内容に少々戸惑いました。これが、子どもたちが日々食べている食事なのか……。
　そこには、どうみても冷凍食品と思われるフライがひとつ。キャラクターの顔がついたか

まぼこ、たまごやき、春雨の和え物。冷えた米飯の隅に、つくだにが少々ついて、あとはデザートとしてカップに入ったゼリーがひとつ。そしてその弁当とは別に180ccの牛乳パックが一つ配られました。

　子どもたちは、「いつものように」この弁当を食べ始めます。グループの子どもたちと会話を楽しみながら、食事がすすみます。そして、10分ほどすぎたころ、子どもたちは弁当を手にして、「いつものように」担任保育者に近づきます。「これ、残してもいいですか？」「少しだけは食べましょう」「これ残してもいいですか？」「もう少しがんばりましょう」と、子どもたちと担任との攻防戦が続きます。

　そうこうするうち、給食の時間も終わりに近づき、後片付けの時間。当番は「いつものように」バケツを持ってグループごとに回ります。そこで、弁当箱に残ったものを各自が、バケツの中に捨てるのです。一方、飲みきれなかった牛乳も、一箇所に置かれたバケツに中に集められ、そのすべてを片付け終えた子どもたちはまた「いつものように」午後の遊びを始めるのです。

　こうして「いつものように」給食の時間が過ぎていきました。この食事の時間が子どもたちの日常の生活なのです。

　この園では、保育者たちが大変熱心に、保育の研究をしています。毎日、指導計画が作成され、保育におけるさまざまな活動に関する研究も盛んです。保育環境についても、保育者たちの日々の努力のあとが伺えます。しかし、給食については、これが現状です。

　幼稚園での食事は、たんに空腹を満たすためのものでもなく、栄養摂取のためだけでもない。まさに「生活」の一要素です。食べることの楽しさ、食材への関心、季節の実感、「いただくこと」の意味、仲間とともに食事をする体験……。そこには子どもたちの経験や学びを豊かにする要素がたくさん盛り込まれています。身近で、子どもたちの興味を豊かにする保育内容がそこにあるはずなのです。

　午前中の保育内容に、多くのエネルギーを注いで研究している幼稚園での給食風景——。まじめに保育に取り組んでいる保育者たちが、この状況に問題を感じずにいるとしたら、そこにある問題は何なのか。

　幼稚園での昼食。30分たらずの時間。この園の教育課程では、給食の準備に関する手順やルールについては触れられていても、その「食」の内容に踏み込んで検討されることなく、過ぎていく時間となっているのです。給食の時間もまた子どもの生活であり、「保育内容」であるとしたら、手順やルールを身につけることだけが「保育内容」ではなく、食べることを通して子どもの学びの世界が広がる体験、つまり「食」そのものに関する本物の体験に目を向けていく必要があるでしょう。

　保育内容とは何なのか。生活を基本とする保育とは何なのか。この経験から、私はそのことを問い直す必要を痛感したのです。

## 4　ある調査結果から

　前述した経験を経て、私は幼稚園の食事の実態について関心を持ち始めました。時に、内閣府が、食育推進基本計画を打ち出し、保育の現場でもさまざまな食育の取り組みがはじめられたころでした。
　「食育」が今どのような課題をもち、今後どのような方向に進もうとしているのかについては、1節の平本論文を参照してください。私は保育の専門家として、幼稚園の保育内容と食の問題について検討を試みたいと思います。
　私の勤務地である仙台市内の幼稚園では、約90％の幼稚園が何らかの形で給食を実施しています。市内の幼稚園のほとんどが私立幼稚園であることも関係していると思われますが、以下に示す東京都に比べても明らかなように、かなりその割合が高くなっています。
　給食の実施割合は、地域によって多少の差があるものと思われますが、その具体的な状況については、全国的に同様な傾向を示しています。
　東京都が2005（平成17）年に実施した「幼児期からの健康習慣調査」によれば、東京都内の幼稚園（対象園1,065園　内アンケート回収数763園）において、給食を実施している幼稚園は384園（50.3％）でした。給食を実施している幼稚園の実施状況は、表1に示すように、85％が外注による給食です。したがって、幼稚園における栄養士の配置の割合が少ないのは当然の結果といえます。給食が義務付けられている保育所の状況とは大きく異なる点といえるでしょう。また、外注の内訳をみると、コンビニやパン屋を利用するなど、「食」について十分な検討がなされているとは言いがたい状況を読み取ることができます。

表1　東京都内幼稚園の給食の実施状況[2]

①給食の有無

| 調査数 | 給食有り | 給食なし | 無回答 |
|---|---|---|---|
| 763 | 384 | 355 | 24 |
| 100.0% | 50.3% | 46.5% | 3.1% |

②栄養士の有無

| 給食有り | 栄養士有り（常勤） | 栄養士有り（パート） | 栄養士なし | その他 |
|---|---|---|---|---|
| 384 | 44 | 5 | 323 | 12 |
| 100.0% | 11.5% | 1.3% | 84.1% | 3.1% |

③給食の状況

| 給食有り | 自園で調理 | 外注＊ | その他 |
|---|---|---|---|
| 384 | 48 | 328 | 8 |
| 100.0% | 12.5% | 85.4% | 2.1% |

＊外注の状況（外注先記入　n=147 の内訳）

| 給食センター | 61 |
|---|---|
| 弁当会社／仕出し | 67 |
| 給食会社 | 8 |
| パン屋 | 4 |
| コンビニ・惣菜・その他 | 3 |
| 学園内・校内食堂 | 7 |
| 合　計 | 150 |

　これらの数値が示す状況は、かつて、幼稚園の昼食は「弁当持参」が大多数であったことが、今日大きく変わりつつあることを示しています。今や給食があるかないかということが、園児募集の大きな要因になっていることを考えると、「幼児期には母親の愛情のこもった弁当を持参することが望ましい」と、声高に言い続けることが現状を改革することにはならないのではないかと思われます。弁当であろうと、給食であろうと、子どもの幼稚園生活の重要な一場面として位置づけ、空腹を満たすだけでなく、栄養摂取という側面からだけでなく、子どもの生活にとって意味ある「保育内容」として検討する必要があるのではないかと思います。

## 5　保育内容としての「食」を考える視点

　もちろん、幼稚園における「食」は、単に空腹を満たし、栄養を摂取することだけを目的に位置づけられてきたわけではありません。多くの園では、その時間におけるねらいを掲げ、教育課程の中に位置づけています。そのねらいは、大きく分けて二つの傾向が見られます。一つは、①クラスの友だちといっしょに食べる楽しさを味わうこと、②仲間とともに食事をすることを通して、食事のマナーを身につけること、③準備や後片付けなど食事に関するさまざまな仕事に自ら進んで取り組むようになることなど、集団生活を通してルールを身につけ、身辺自立を目指すことに主たるねらいがおかれているもの。もう一つは、命をいただくことへの感謝、食事をいただくことへの感謝（神様、生産者、父母等々）など、宗教教育や心の教育を含め、食に対する感謝の気持ちを持つことを主たるねらいとしているもので

す。
　まずは、これらのねらいが、先の給食の実施状況の中で、どれだけ実現されているかについて、それぞれの園で検証していく必要があるでしょう。行事の評価や作品の評価は、目に見えやすいため、検証の対象になりやすく、必ず職員会議の議題となって、検討されるに違いありません。しかし、食事の時間のあり方について検討されるということは、どのくらいあるでしょうか。行事も制作も食事も保育内容のひとつであることには違いはありません。年に一回の行事について多くの時間をかけて検討すると同様、毎日の食事についても、その教育的意味について検討する必要があるはずです。

　別の幼稚園での給食の風景です。縦割り保育をしているその幼稚園でも、昼食時には、外注の宅配弁当が届きます。昼食の準備が始まると、5歳児が、3歳児の分も弁当を配り、グループでは、3歳から5歳の子どもたちがいっしょに食事を楽しみます。牛乳のパックが開けられなくて困っている3歳児に、5歳児が手を貸す姿などは、なるほどこの園が縦割り保育を重視し、長年積み重ねてきた実践の意味を感じる姿でもありました。
　しかし、届けられた弁当はといえば、量も内容も全員同じ（アレルギー食は別に用意されている）。米飯弁当にもかかわらず、飲み物は180ccの牛乳。早く食べ終えた5歳児は、食事中の3歳児のそばで歯磨きを始め、それも終えた子どもたちは、同じ部屋の中でブロックや小さな積み木で遊び始めるのです。

　縦割り保育を実施しているこの園では、3歳児から5歳児の発達段階の違いについては、十分な検討がなされ、保育内容にもさまざまな工夫がなされています。にもかかわらず、食事についてはどうでしょう。
　おそらく、外注弁当には、さまざまな限界があるに違いありません。しかし、保育者が保育内容の一部として「食」を考えるのであれば、昼食時に生まれるさまざまな営みにも、保育者の教育的意図と配慮のもとに展開する必要があります。
　3歳から5歳までの子どもたちの弁当の量は同じでいいのか。食事に要する時間の差をどのように配慮すればいいのか。180ccの牛乳の量は適切なのか。そもそも米飯に牛乳という組み合わせは「おいしい食事」という食の原点を考えた際に適切なのか。再考する課題が、たくさんあるように思います。外注ゆえに仕方がないと判断するのではなく、園の教育目標を実現するうえでの意味ある時間としての食を実現するためにはどのような弁当にすればよいのか。さまざまな条件を検討した結果、外注弁当を採用するのであれば、保育者の意図を業者に発信していくくらいの保育者の覚悟が必要なのではないかと思います。
　わが国の幼稚園や保育所の多くは、歴史的に、所属する一教室の中ですべての活動を行ってきました。遊びも食事も、保育所によっては午睡さえも同じ部屋で行っているところがあります[3]。つい10分前まで油粘土で遊んでいたテーブルの上で、食事をする……ということが、それほど違和感なく行われています。かつて栄養補給の点からすぐれているとしてパン

給食に提供された牛乳が、米飯給食の際にも当然のように提供され、「給食には牛乳」という組み合わせに、何の不思議も感じなくなっています。3歳児の昼食に180ccの牛乳が適量なのか、真夏の暑い日に、米飯に牛乳が適切なのか、子どもの遊びに細やかな配慮ができる保育者が、このことに目を向けないことが不思議です。「遊び」は、言うまでもなく保育内容の核となるものです。しかし、「食」については、そこまでの認識がない。

　「食」もまた、重要な保育内容として浮かび上がらせてくること、まずはここからはじめる必要があるのではないかと思います。

## 6　生活の連続性の中にある学び――分断された食事の時間

　では、なぜ「食」が保育内容として浮かび上がってこないのでしょうか。そのことを考えてみたいと思います。表2は、A幼稚園の一日の生活の流れです。

### 表2　A幼稚園での生活の流れ

|  |  |
| --- | --- |
| 9:00 | 登園<br>自由な遊び |
| 10:40 | 片付け |
| 11:00 | 朝の集まり<br>クラスごとの活動 |
| 12:00 | 昼食 |
| 13:00 | クラスごとの活動 |
| 13:30 | 降園 |

　登園後の自由な遊びの時間の位置づけ、クラスごとの活動の進め方などは、園によってさまざまだとは思いますが、わが国の幼稚園においては、A幼稚園のようなデイリープログラムが、もっともオーソドックスなものといえるかもしれません。幼稚園は、生活を基本として保育内容を考えていきます。時間の流れと環境とを組み立てながら、一日、一週間、一月、一学期、一年……というように、保育内容が積み上げられていきます。その組み立てと連続性は、園の教育方針、教育目標によって変わりますが、生活を基本とし、遊びを中心とした総合的な営みこそが、保育の基本です。

　かつて、デューイは「生活による教育」を主張し、その実験学校のカリキュラムに活動的仕事（occupation）を取り入れ、それらが子どもたちのイマジネーションを開発し、知性を陶冶すると述べました。[4] 倉橋は、「さながらの生活」から教育を始めることを主張し、生活主義の保育を実践しようとしました。彼らの理論をここで詳細に振り返ることはできません

が、「生活」がもたらす教育的意味については、これまでにも多くの教育思想家たちが、述べてきたとおりです。そして、新教育運動の体験主義を、デューイ自身も強く批判しているように、生活による教育は、単に活動的仕事を取り入れただけの体験の積み重ねではなく、知性を陶冶し、学びを実現するものでなければならないのです。

　このように考えると、幼稚園においても子どもが多様な経験を実現できるような生活を組み立て、子ども自身が経験した内容を連続させて学びを深めていくような援助が必要なのではないかと思います。「自由な遊び」と「クラスごとの活動」が、時間的にも経験内容も分断されていたのでは、子どもの経験は深まりをもたらすことができません。「自由な遊び」から「クラスごとの活動」へと保育の形態や方法が変化したとしても、それはたんに形態の変化、方法の選択に過ぎませんので、そのこと自体が問題なのではありません。問題は、その中での経験が断片化されることなく、子どもが自らの手で生活を作り出していくことを保障できているのか、子どもの学びを実現させていく保育内容、教育内容となっているかということです。言い換えれば、保育内容、教育内容が生きる保育形態、保育方法となっているかどうかの検証が必要だということです。

　このように考えると「食」もまた、生活の中の学びを実現する大切な要素となるのではないかと思います。「午前と午後の活動の間に設定された食事の時間」として、連続した学びとの関係性を分断させるのではなく、他の遊びや生活と連続した学びを実現させる「保育内容」として、位置づけることが必要なのではないでしょうか。「食」は、人間にとって生活の核となりうる要素です。子どもが生活を実感できる学びを実現するには、きわめて重要な営みとなるはずなのです。

## 7　みどりの森幼稚園の食の試み

　1章では、みどりの森幼稚園の食に関する実践を紹介してきました。この実践が本当の意味で「食育」の実践といえるか否かについては、私たち研究者も園の保育者たちも、もう少し検討する必要があるように思います。「食育」がどのような方向を目指しているのか、今後どのような実践が生み出される必要があるのか、まだ検証の道の途中にある私たちは、まだみどりの森幼稚園の実践を「食育」のひとつとして紹介できる段階にはないように思います。しかし、保育を研究する私にとっては、この園の実践が保育の実践としては、きわめて意味あるものであると考えています。したがって、筆者は、1章の実践は、「食育」の実践という立場ではなく、「食」をテーマにした保育実践と捉えたうえで、この実践の意味について、以下に述べたいと思います。

## 1・生活の中に位置づいた「食」

　みどりの森幼稚園の子どもたちは、前節で述べたＡ幼稚園のような時間の流れで、生活をしていません。朝、登園してから昼食時まで、ひたすら好きなことをして遊びます。登園するなり、園庭に飛び出して行く子、絵本の続きを読みふける子、積み木でさまざまな世界を作り出す子、給食の手伝いをする子などさまざまです。なんとなく、遊びに入るタイミングを逃した子どもは、園中央の動く遊具にまたがって、仲間の遊びのようすを見渡したり、園で一番大きなけやきに登って園全体を眺めたりと、それぞれが自分の居場所を見つけて生活しています。前述したように、自由な遊びの時間を充分に確保するか、Ａ幼稚園のようにクラスごとの活動を位置づけるかは、形態と方法の違いでしかありませんので、どちらがよいとか悪いとかという方向に議論を進めることには意味はないと思います。しかしながら、子どもが途中で遊びを中断されることなく、とことん遊びきる時間を用意するという保育形態は、次の活動を進めるために、子どもも保育者も急がされることがないゆるやかな時間の流れをもたらすことができ、みどりの森幼稚園の教育目的を実現するうえで、適しているように思います。

　さて、市街地にあるこの幼稚園の環境は、決して恵まれているわけではありません。園庭も特別広いわけではありませんし、自然環境が豊かなわけでもありません。しかし、園には小さな畑と、さまざまな実のなる木、卵を産むニワトリと、季節ごとに芽を出すハーブ、そして「食」に敏感な保育者がいます。ゆるやかに流れる保育時間の中で、これらの物的、人的環境が、子どもたちの生活の中に「食」を位置づけています。小さな畑からは、決して予定通りに作物が収穫できるわけではありませんし、庭の木々には人数分の実がなるわけではありません。自然の力は、保育者のつくり出した保育計画などは吹き飛ばしてしまいます。

　でも、だからこそ子どもも保育者も自然の恵みを実感し、それと向き合う知恵を必要とします。人数分の実がなければ、分け合うことや、保存すること、調理することなど、子どもなりに生活するための知恵を出しあいます。昨年どおりに作物が収穫できないことにより、天候の違いに気付いたり、作物の世話をするなどの工夫を生み出します。収穫した作物が、調理されることによる色や形、味の変化を知ります。こうして、幼稚園生活の中の「食」が、子どもの生活の中に位置づくことにより、子どもたちに実感を伴う学びの世界を実現しているように思います。

## 2・実感を伴う「食」の実践

　冷暖房が完備され、スーパーマーケットには、一年中同じ食べ物が陳列されている生活をしているわれわれは、四季のある日本に生まれながら、四季を実感することがなくなりつつあります。人間は、科学の知によって、自然の力を乗り越えてきましたが、同時に豊かな自然の恵みを実感する経験をも失ってきました。21世紀を生きる子どもたちには、自然は乗り越えるだけの対象ではなく、共存しつつ生き抜く力をつけてほしいものだと思います。だからこそ、自然の豊かさと脅威、四季の美しさと過酷さを知り、それらを実感する学びの場を

もつことも、これからの教育の大事な内容であり、環境教育の一端となるのだと思います。
　幼稚園教育要領の「環境」においても、「身近な環境に親しみ自然と触れ合う中で様々な事象に興味や関心をもつ」ことがねらいとして掲げられ、「自然に触れて生活し、その大きさ、美しさ、不思議さに気付く」ことがその内容として位置づけられています。多くの幼稚園でも、夏に咲いた朝顔で色水遊びをしたり、秋になると色づいた葉っぱを並べて構成遊びをしたり、どんぐりでコマややじろべいを作って遊びます。自然物を取り入れた遊びは、比較的多くの幼稚園で保育内容として位置づけられているように思います。しかし、たんに自然物を取り入れただけでは、「その大きさ、美しさ、不思議さ」に気付くことはできません。子どもたちがその美しさや不思議さを実感できるような保育内容を構築していく必要があります。
　みどりの森幼稚園の「食」の取り組みは、季節を実感するひとつの機会になっています。よもぎやつくしやミントを摘むこと、どんぐりを拾いにどこまでもでかけること、魚屋まで行ってサンマを買ってくることなど、それらの実践が、「食」につながることによって、「実感」を伴う活動になっているように思います。
　もちろん、これらの活動が意味あるものになっている一番の理由は、一人ひとりの子どもたちのもとのままの生活や遊びと分断されることなく、連続した経験として、位置づけられていることにあると思います。

## 3・学びの共同体として

　みどりの森幼稚園の給食の日には、有志の父母が調理室に集まります。「当番制」ではなく「義務」でもなく、「参加したい人、どうぞ」という形がこの幼稚園の教育方針を物語っています。
　ある給食の日、朝になって給食作りに参加する予定だった父母が急用でキャンセルになりました。すると園の入り口に「本日の給食のお手伝いの方が足りなくなりました。手伝っていただける方、お願いします」と掲示されます。すると、一人、二人と「手伝いましょうか？」と声をかけながら、給食室に人が集まり、最終的にはいつものように問題なく、食事が出来上がった、ということがありました。幼稚園側がルールを決定し、保護者が義務として集められた、という関係性からは生まれることのない人の関係がここにあるように思います。
　給食室では、赤ちゃんをおぶったお母さん、たまたま休暇をとったお父さん、そして手伝いをする子どもたちが今日の食事作りをしています。ふとみると、料理をしているお母さんに連れられてきた小さな妹は、いつの間にか保育室で、他の園児といっしょに遊んでいます。
　この園では、「保護者が子どもを園に託し、保育者が教育対象としての子どもを教育する」という構造そのものがないように思います。「楽しいから手伝っています。私でも手伝えそうですので」という保護者の姿と保育室で自分の好きな遊びに夢中になっている子どもの姿

とはどこかダブリます。この園に集うすべての人にとって、この園は、「集いたくなる場所」になっているようです。

　さらに、この園に集うのは、子どもや保護者だけではありません。安全な米といっしょにカブトエビを届けてくださる農家の方、郷土料理の作り方を教えてくださるおばあちゃん、稲穂を届けてくださる保護者の方、新鮮なサンマの見分け方を教えてくださる近所の魚屋のおじさん、そうした方々は、決して保育のプロではありませんが、この園の保育に関わる重要な人的環境です。こうした豊かな人的環境によって、この園の保育内容が支えられていることを知ったとき、私は、4年前に訪れたイタリアのレッジョ・エミリアの保育を思い出しました。市民によって作られた教育、保護者も子どもも保育者も、園に集うすべての人が学びの主人公として関わりあう保育の構造は、「学びの共同体」として、世界的な注目を集めました。

　この園では、「食」の見直し（1章参照）がきっかけとなって、小さな学びの共同体づくりが実現しようとしています。おそらく、「食」は誰にとっても身近でわかりやすく、生活に密着した実感しやすいテーマだったからでしょう。しかし、こうしたきっかけが、園の保育の構造そのものを変えることができることをこの園の実践は物語っています。[5]

### 4・環境の作り手としての保育者

　繰り返しになりますが、みどりの森幼稚園は決して恵まれた環境にある幼稚園ではありません。しかし、どんな幼稚園や保育所であっても、園内の環境に限界があるのは同様です。この園の子どもと保育者たちは、幼稚園周辺の環境を実に上手に生かして生活しています。近所の神社や寺、大学の農学部の構内は、自分たちの庭のようです。近所のどんぐりでは足りなければ、地下鉄に乗ってでもどんぐり拾いに出かけます。

　この園の子どもと保育者のたくましい姿をみていると保育環境は、保育者によって作られることを実感します。園庭が狭いから、自然がないから、というのは理由にはなりません。園の外に一歩でかければ、子どもたちの学びを刺激するさまざまな環境に出会えますし、狭い園内であっても、学びを実現する環境は作ることが不可能ではありません。それは、決して遊具の数や、保育室の広さによって決まるのではなく、保育環境を作り出す保育者の視点によって左右されるのです。

　自然環境だけではありません。スーパーに行ったり、魚屋に行ったりする環境の拡大は、保育室内でのごっこ遊びの世界をひろげ、ある時は社会参加の機会とし、ある時はさまざまな学びの契機とします。ワクワクする実践の世界は、保育計画を計画通りに実現する保育者によってではなく、保育環境の作り手としての保育者によって実現するのではないかと思います。みどりの森幼稚園の保育者は、教育計画の実行者としてではなく、環境の作り手としての保育者という存在の意味を提起していると同時に、この園の保育は、言いかえれば「環境による保育」としての実践の試みといえるかもしれません。

## 8　おわりに

　みどりの森幼稚園が再開園して 7 年。新たな歩みをはじめたばかりのこの園が発するメッセージに私自身、常日頃から多くの刺激を受けています。

　まだまだ検証しなければならない課題はたくさん残されていますが、この園に集う子どもと保護者と保育者が小さな学びの共同体として機能している実践には、幼稚園教育の原点と今後の可能性を感じずにはいられません。

　わが国の保育は、今大きな転換点に立っています。難題に直面し、改革を迫られている幼稚園もたくさんあります。そんな中で、必要とされることは、小手先の改革ではなく、保育の本質に立ち返ることではないかと思います。それは、時間を要し、勇気のいる作業かもしれませんが、結果的には近道なのではないかと思います。

　みどりの森幼稚園の実践は、まさにそのことを物語っています。

　**幼稚園はどこまでいっても、幼児の生活の生活たる本質をこわさないで、教育していくところに、その真諦が（先生の苦心も）存するのです。**[6]


（注・引用文献）
1 ）倉橋惣三『幼稚園真諦』フレーベル館　1976　p.21
2 ）東京都「幼児期からの健康習慣調査報告書」より作成。報告書については
　　http://www.metro.tokyo.jp/INET/CHOUSA/2006/05/DATA/60g5a100.pdf　参照
3 ）昨今、すべての活動を同教室で行うことを問題視し、食事はランチルームで、午睡は別に用意したベッドルームで、という取り組みを始めた幼稚園、保育所もみられるようになりました。これらは、ヨーロッパの各国の幼稚園、保育所では一般的な生活です。クラス数分の教室のない園では、難しいことかもしれませんが、空き教室やホール（遊戯室）を有効利用したり、畳敷きの空間づくり、ちゃぶ台での食事など、園独自に工夫した食事空間作りの実践も多く見られるようになって来ました。
4 ）デューイ　宮原誠一訳『学校と社会』岩波文庫　1957 を参照してほしい。いまさらデューイなどと思われるかもしれませんが、学生時代ではなく、実践者となってから再度この本を読み直すと、生活、作業、子ども中心などという保育の基礎概念を再考する契機となると思います。
5 ）レッジョ・エミリアの保育については、以下の文献を参考にしてほしい。
　・C.エドワーズ他著／佐藤学他訳『子どもたちの100の言葉−；レッジョ・エミリアの幼児教育』世織書房　2001
　・レッジョ・チルドレン／田辺敬子他訳『イタリア／レッジョ・エミリア市の幼児教育実践記録　こどもたちの100の言葉』学習研究社　2001
　・J.ヘンドリック／石垣恵美子他訳『レッジョ・エミリア保育実践入門』北大路書房　2000
6 ）倉橋前掲書

# 3 保育内容としての食の再考

青木久子

## 1 はじめに

　遊びや生活を中心とした幼稚園や保育所などは、人間が生きる営みの原点があります。また、自らの身体と自我を統一する一人ひとりの幼児の物語が生まれている魅力的な空間です。しかし、バス・外部給食・長時間預かりなどのサービスや知識注入などの先取りを行うほうが園児が集まるという時代が到来して、社会の構造が変わり始めました。太陽の下で遊びに没頭し、健康な体と貪欲な好奇心や直観力、表現力やコミュニケーション能力を培い、道徳性を養う場が失われていくことは、具体的な経験から概念を形成し発展させる人間の発達が逆になることで、将来が懸念されます。しかし、生活や遊びの経験を教育内容として意味づけていくことはなかなか困難な仕事で、保護者も世間も、あるいは教師・保育士たちも結果が早く見えることに走りがちです。

　百年近い伝統に一区切りをつけ、再建したみどりの森幼稚園が、大人に支配されない本来の子どもの遊びに注目したとき、併せて食育を考えることになったのは、食べることと、遊ぶこと、暮らすことは切り離すことのできない"生きること"そのものだったということでしょう。

## 2 食が見える保育空間

　EU加盟国は、就学前教育の充実が義務づけられています。EU加盟間もないスペインのある保育所を訪ねた時、幼稚園の玄関を入ってすぐ目に飛び込んできたのが調理室です。ガラス張りの美的空間には働く人々が見え、野菜などの食材が姿を変え、匂いが立ち込めます。ここでは、人間が生きるための基本的な食という営みが見え、匂いを嗅いでわくわくする環境が用意されていました。また、イタリアの保育所、幼稚園を訪問した時は、美しく整えられ落ち着いた食堂で、3歳以上児が誇らしげに配膳をし、食の時間を自分たちで作っていました。フランスの幼稚園でも、昼食時になると保護者が迎えに来て親子で肩を抱き合っ

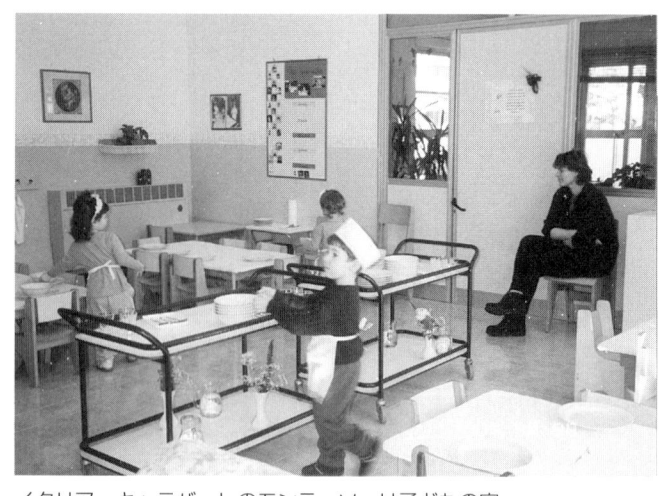

て帰っていきます。昼食は家庭で摂ることが基本のフランスの学校ですが、山の上にあるフレネ学校には調理室と食堂があり、児童は私たちの配膳からワインの用意までイニシアチブ（自発活動）としてやってくれました。飼育しているニワトリの卵でケーキも作って迎えてくれた子どもたちは、それを売ったお金で次の食材を購入したり印刷用紙を買って文集を作ったりして、自治の生活を築いています。

イタリア・キャラバッレのモンテッソーリ子どもの家
3歳児の食堂での配ぜん、教師は子どもをよく見ている。

　食が見えること、それは生きることが表に出た学校の姿です。日本では、自校給食をしている学校でも、給食室の仕組みや働く人々、食材など、給食施設の区分が決められていてなかなか見られません。校内に立ちこめる匂いで献立を想像できる程度です。まして、センター給食で出来上がった給食が外部から搬入される場合は、働く人も食材も調理過程も匂いも子どもの五感に触れることがなく、味のクオリア（仮像）を想起することもありません。保育所も同様、子どもがのぞき見をして時間を過ごせる場所にはなっていません。幼稚園でも1980年代から給食を提供するところが増えてきましたが、センター給食の問題を抱えたまま"餌を与える"程度の認識で、子どもの食を請け負っている幼稚園等（以下幼稚園・認証保育所・無認可園等含）があります。ある園では、週1回の給食日は、カステラパン一つといった実情です。食が表に見え、楽しむヨーロッパの学校とは作りが違い、日本の学校は、食が子どもの生活と区分されている空間構成なのです。食に対する考え方がこれほど違うのはなぜでしょう。

## 3　生きることと食べることの関係

　どんな動物も、生きるためには食べることが必要です。生活時間のほとんどを食べて、寝て、排泄して、食べてと繰り返すのが動物の生活で、人間も動物である以上、この繰り返しが生きることです。ただ、人間が他の動物と違うのは、食べることに楽しみをつくり、労働によって食材を作り出した歴史をもっているということです。

　エンゲルスは『猿が人間になるについての労働の役割』（1896年公表）[1]の中で、私たち

の祖先が人間になる過程では食物への適応と労働が必要で、祖先はその課題を優れた知力と適応能力で乗り越えたと言います。猿が人間になるための条件として、狩猟具と漁業具といった道具の製造や使用と、自分たちで生産することが可能な菜食や肉食への移行があったということです。植物を再生産し動物を飼い慣らして規則的・安定的な食料確保を実現し、それらの材料を食べる工夫として「火の使用」があり、煮炊きすることで消化が促進され、身体の物質代謝の効率をあげることができたのです。こうして雑食性となった人間は、どんな環境にでも適応できる能力を獲得し、進化を促進することができました。人間以外の他の「動物は外的自然を利用するだけであり、もっぱらその存在によってのみ外的自然に変化をもたらすのであるが、人間は自ら変化をもたらすことによって自然を自分の目的に奉仕させ、自然を支配する」のです。人間の食生活が、脳を発達させ、感覚器官を鋭敏にし、労働することによって必要となった言葉の発達を促進し、観念的世界観が生まれてきたとするエンゲルスの見解をもってすれば、人間のもつ食文化は、猿から人間に、また人間が人間として発達する必須条件だったといえます。人々は勤勉に労働し、子孫を繁栄させ、人間の発達に貢献して今日の文化をつくり出しました。

　食糧の自給率が極端に低い今の日本では、ほとんどの人がこうした太古の祖先の苦労に思いを致すことなどないでしょう。私たちは食べ物が獲得できなければ死に直面するという厳しい日々を生きることから解放されて、いつでも欲しい食糧が手に入るような錯覚をもっているために、食べることと生きることの関係を忘れてしまったのです。しかし、生きることと食べることに必死だったのは太古の昔の話ではありません。日本でも1950年頃までは、食べ物は手に入らず野山やわずかな土地を耕してサツマイモなどを栽培しても親子とも栄養失調になり、親のいない子どもは町を浮浪して食べ物を探し、みんな食べることに必死の状態でした。食べることと生きることの関係がこれほどに切実であったからこそ、親たちは、次の世代がひもじい思いをしないようにと必死で働いてきたのです。

　人間＝ホモ・サピエンス（賢い人、味わう人）は、進化によって生きることと食べることの間に文化をつくり出しました。一つは、労働し食糧を再生産する営みです。今日では農林漁業にわたって人工的な再生産が盛んで、自然界の調和を破壊していることが危惧されるほどですが、安定した食の獲得に向けた人間の貪欲さは祖先から引き継いできたものでしょう。二つに、人間は食物を吟味し味わう豊かな感覚的、知覚的、精神的能力をもっているということです。味覚の発達は、乳幼児期の味蕾の感覚的な発達から、ほんのり甘い、ほろ苦いなどの味覚が季節感や色どりなどとともに精神の奥深くに浸透して、時間的余裕も加わり味わうという生活をつくり出しました。弱肉強食の他の動物では味わうという余裕はありません。三つに、共同社会の中で食文化という世界をつくり出したことです。調理した料理名、食事のマナー、盛りつけから食味の批評、栄養価、食器の創造、食卓に着いた人々との談笑や感謝といった食文化は、エンゲルスがいうように人間ならではの世界です。人間が、こうした生きることと食べることの関係を忘れたとき、つまり食糧を自給自足する生活へのかかわりや人々と語らい味わう食文化を失ったとき、人と人の関係が失われて労働への価値

も見失い、身体が退化して動物になり下がるのではないでしょうか。

## 4 幼稚園や保育所、小学校の弁当・給食の始まり

　世界で最初に「学校給食法」が法制化（1849）されたフランスを始め、多くの国が学校給食を始めたのは、貧困児童救済を目的にしています。幼稚園で初めに子どもに給食を提供したのは、ロバート・オーエンだといわれています。イギリスは産業革命によって都市に流失する失業者が増え、子どもたちは劣悪な環境に置かれていましたので、彼はニュー・ラナーク工場村の性格形成学院の一部に幼児学校を作り（1816）、幼児を収容して給食を提供したのです。幼稚園がまだない近世初頭まで、学校に行くことができたのは上流階級あるいは支配層の人々の子弟でしたし、寄宿制の私立学校は食事が付帯していましたが、学校が国民学校としてすべての民衆の教育を引き受けるようになると、貧困児童対策が必要になります。国民学校の教育を進めるためには食事の提供は不可欠な問題です。ジェームス・ミル[2]も身体的だけでなく知的・精神的発達のためにも豊かな食事の提供が必要だと訴えています。労働の価値が低く認識されていた近代において、エンゲルスが人類の進歩発展と食生活と労働の関係を世に出したことによって、教育と食の関係に光が当たるようになりました。

　日本の幼稚園教育が食を取り扱う歴史は、1876年に開設された東京女子師範学校附属幼稚園（現お茶の水女子大学附属幼稚園）の弁当に始まります。9時から午後1時までの保育時間では、昼食を持参しないとお腹が持ちません。明治時代、幼稚園に入園できたのは上流層の子息で、付き人が弁当をもって控室で待つというものでした。『写真集幼児教育百年の歩み』[3]には、明治末の広島女学校付属幼稚園の弁当時の写真が掲載されていますが、ごはん、おかず、漬け物が入った3段の塗物の弁当箱風景からみると、東京女子師範学校附属幼稚園の子どもの弁当も庶民の食生活とはかけ離れていたことがうかがえます。弁当を通して幼稚園が食を指導する内容は、食事の作法に重点がありました。

　今日に至るまで、幼稚園の弁当はその歴史的な流れをくみ、食の教育は基本的に家庭で担うことを前提として、学級の仲間たちといっしょに食べる楽しさを味わい、集団でのマナーを身につけ、命をいただくことに感謝し、準備から片づけまでの身辺自立を促進するところに保育内容が置かれています。戦時色が濃くなった昭和10年代から昭和20年代にかけて、食料事情は悪化し、子どもたちの身体をむしばんでいきましたので、幼稚園独自に肝油を飲ませたり保護者が食材を持ち寄り、交代でおかずや汁物を作って提供したりして栄養補給をしました。その給食提供が今日まで保護者の奉仕活動として続いているところもありますが、今日の多くの幼稚園給食は、学校給食が定着した高度経済成長期以降の現象です。

　福祉施設としての保育所は、その目的からして食べることは生活の主要な部分です。新潟静修学校附設保育所の赤沢鐘美・仲子夫妻[4]が、食べる物もなく着る服もボロボロで頭髪や

爪切りなどにも手が回らない親に代わって、衣服を繕い、食事を提供していったことが給食の始まりです。保育所の給食に国の手が差しのべられるようになったのは、児童福祉法（1947年）が成立してからですが、それまでは子どもたちのひもじさをなんとか補おうと私財を投じて互いに助け合う人々が支えました。今日では、それぞれの施設に栄養士が配置され、乳児の哺乳から離乳食、幼児の食事まで、発達に合わせた栄養管理がなされています。家庭保育の補完を目的とする保育所では当然のことですが、家庭がレトルト食品に走るなか、保育所のほうが家庭以上に、かつての家庭や地域社会にあった食事を提供している時代がきているといえるでしょう。しかし、無認可保育所など給食の安全基準、設備基準がややゆるい施設もありますので、それらを認可保育所や認定子ども園（ただし、外部給食可が今後、質に影響する懸念も大きい）といっしょにして語ることはできません。保育所も食事のマナー、準備や片付け、嗜好の拡大、栄養補給といった指導が保育内容の中心になされています。

　さて、日本の"学校と食"における教育内容をつくりあげたのは学校給食です。1889年の山形県私立忠愛小学校で貧困児童に昼食を与えたのが始まりとされ、1932年には文部省訓令「学校給食臨時施設方法」で初めて国庫補助による貧困児童救済と児童の体位向上を目的とした給食が実施されています。戦時中、戦後には栄養不良児や身体虚弱児童のための栄養食や大都市部の児童への米・味噌の配給がなされました。敗戦後の1947年からは、米国の無償の脱脂粉乳、ユニセフ給食（寄贈ミルク給食）がなされ、1950年には小麦粉による完全給食が都市部の小学生を対象に始まりました。ガリオア・エロア資金（占領救済資金、後日本の債務として強制的に返済させられた）がうち切られたことを契機に給食継続の運動が起こり、1952年から全国の小学校で半額国庫補助の完全給食が実施され、1954年に「学校給食法」が成立、公布されたという経過があります。戦後の米国に依存した学校給食から、日本の農業が衰退し、国民の食生活が変化し、地域共同体が崩壊し、日本文化が失われていくといった諸問題が発生するとは予想だにしなかったのです。つまり、米国の農業振興は日本の農業衰退を急激に促進し、パンとミルクはごはん食とおかずの食卓を変え、日本人の体質に合わない食生活は生活習慣病を発生させ、地場産業と結びつかない食材は、農業の衰退だけでなく地方の食文化を崩壊させ地域共同体をもばらばらにするといった、食をめぐる社会の大変革が始まっていたのです。自校方式の給食を実施している学校は、地元の食材を使ういわゆる"地産地消"が可能で、食材の生産から流通、消費の過程が見え、土地の食文化を伝えることができるのですが、センター方式の給食は、生産・流通・消費だけでなくどんな食材を使っているのかさえまったく見えません。大量生産のためには、大量の食材を必要とします。その結果、調理しやすい同じ規格の輸入品や冷凍食品が使われるようになったのです。親たちは我が子が口にする食材がどこで生産されたのかや、残留農薬、保存料等の危険や集団食中毒の発生はないのかなど、知ることも選択することもできない現実から、義務教育と給食が切り離せないという問題を背負いながら、センター方式の給食反対の運動を展開してきました。

## 5　学校給食と教育内容

　国家が学校給食を実施する意義など、今日では当然すぎて考えることもないかもしれません。

　学校給食は、"学校でみんなといっしょに同じ釜の飯を食べる"というところに教育内容があり、子どもたちの身近な生活圏にある農林漁業などの食糧生産や、流通と消費の構造、農薬や公害といった食の安全、自然界の循環、あるいは労働と人間形成といった、本来、食を通して子どもが学ぶ内容は除外されてきました。子どもたちは、社会科で世界の小麦や大豆の生産国、世界経済の流通、環境問題などを学んでも、教科書の文字から覚えるだけで、自分たちが毎日食べている食事と関連させて、食糧、食糧生産、流通と消費、環境問題等については学べない仕組みがつくられていったのです。

　「学校給食法」には、食事についての正しい理解や望ましい習慣の形成と、学校生活を豊かにし、明るい社交性を養うことを目的に掲げ、目標には、①食についての正しい理解と望ましい習慣の育成、②学校生活を豊かにし明るい社交性を培う、③食生活の合理化、栄養の改善、健康の増進、④食糧の生産、配分、消費に対する正しい理解、の4項目が掲げられています。④に食糧の生産、配分、消費への理解が謳われていますので、これで食育の可能性が広がったのかというとそうではありません。国の教育内容を規定した「学習指導要領」では、食事に関しては「特別活動」における学級活動として、日常の生活や学習への適応および健康や安全に関することの中に、「学校給食と望ましい食習慣の形成など」が盛られているだけです。教員が「学校給食法」など読むことはめったにありませんから、結局、食育にはつながりません。「学習指導要領」「学校給食法」とエンゲルスや先達の教育思想などを読みといて、それぞれの学校が食育に対する教育内容を構築しないかぎり、生活科や算数科、理科、家庭科などの教科学習や行事、特別活動と食育はつながっていきません。

　とはいえ、義務教育諸学校は食育に対する教育内容の問題をはらんでいても、まだ法的根拠が明確ですが、幼稚園は法の抜け道になっていて、どんな給食施設および給食内容が望ましいのか、給食を実施することによって子どもに何を育てるのかがみえません。この「学校給食法」は、義務教育諸学校（学校教育法に規定する小学校、中学校、中等教育学校の前期課程、盲聾養護学校の小学部、中学部）を対象としているので、幼稚園は対象になっていないのです。保育所は、「児童福祉施設最低基準」によって調理室の設置、調理員の配置が義務づけられ栄養価、個人差、アレルギーやアトピーなどへの配慮、安全基準が定められていて、外部に業務委託する場合は「保育所における調理業務の委託について」施設、業者ともに遵守すべき内容が詳細に定められていますが、幼稚園は「学校給食法」にも、「児童福祉施設最低基準」にも該当しません。「幼稚園設置基準」の第11条に給食施設が設置されたほ

うが望ましいと書かれてはいても、給食内容については法的な基準がないまま実施されていますので、保育内容への位置づけは千差万別です。幼稚園によっては、健康増進だけでなく、生産と消費の学習や人格形成などの理念をもって実施しているところもありますが、保護者が給食を希望する、給食がないと園児が集まらないという理由で実施している場合は、給食によって何を育てたいのか、保育とどう関連させて食をとらえているのかが当事者にもみえないのです。保育時間の1/5ほどを占める食事に、作法以外のねらいや内容がないというのもおかしな話です。"餌をやる程度の認識"と言われても反論の余地はないでしょう。

## 6 「食育基本法」のめざす方向

　2005年「食育基本法（法律第63号）」が交付、施行され、国民的課題として食の見直しが始まりました。その前文では「豊かな緑と水に恵まれた自然の下で先人から育まれてきた、地域の多様性と豊かな味覚や文化の香りあふれる日本の『食』が失われる危機にある」として、「食育を、生きる上での基本であって、知育、徳育及び体育の基礎となるべきもの」と位置づけました。そして、国、地方公共団体、教育関係者および農林漁業者等の責務を言葉にして、都道府県、市町村が食育推進計画策定に努力することを科しました。戦後60年にして、日本人の「食」が失われる危機に目覚めたということでしょうか。日本の食の実態は、エンゲルスが説いた"生きることと食べること"の歯車がずれて危機的状況に瀕している実例になってしまったのです。

　「食育基本法」では、行政、教育関係者や農林漁業者、食品関連事業者の責務を掲げ、国民にも生涯にわたり健全な食生活の実現、食育の推進に努めることを責務としています。基本的施策では、家庭における食育推進とともに第20条〈学校、保育所等における食育の推進〉で、行政の責務として、○学校、保育所等の食育の推進計画作成の支援、○食事の指導にふさわしい教職員の配置、意識の啓発、指導体制の整備、○食育の意義の啓発等を謳っています。学校や保育所等では、○地域の特色を生かした学校給食等の実施、○教育の一環として行われる農業実習、食品調理、食品廃棄物の再生利用等、さまざまな体験活動を通じて、子どもの食への理解、心身の健康に関する知識の啓発などがあげられています。さらに、食育がたんに学校や保育所などの問題だけでなく、地域社会の健康増進、食生活の改善などにも作用して、農林漁業者の生産と消費者とを結び、食の安全を確保し、食生活、食文化の創造に寄与することが求められたのです。

　国家が食文化の育成、食糧自給率の向上や地域で生産した食材の地域における消費（地産地消）に施策を転換したということは、学校教育や保育所等の施設における食の教育内容が見直される機会が到来しているということです。学校という範疇には幼稚園も含まれますので、保育内容としての食の教育の見直しが必要になっています。

給食と送迎バスと長時間保育を園児獲得の秘策として、安易に外部給食を取り入れてきた園では、これから食育を研究し、食文化を再考する実践が求められますので、本稿では教育における"食と労働"の関係、先人の教育理論もとらえておきたいと思います。

## 7　教育における食と労働の歴史

　エンゲルスが、食と労働によって人類が進化したとするより以前に、ルソーは『エミール』を通して、「自然の秩序のもとでは、人間はみな平等」であり「人間として生活するように自然は命じている」[5]として、人生の初めに食教育を置き、人間の自己保存と自立をめざすことを語っています。彼が農民の生活が最も自然にかなったものとしているのも、自ら労働して食糧を生産し、簡素で適切な食物を選び、丈夫な胃袋をもち、自然の好み（香辛料や油など過度に加えて調理した大人の味覚ではない自然の味覚）によって偏食をしないからです。ルソーと同じように食を通して自分の体、心、周りの環境を知り、幼児期から始まる自己教育への基礎が培われると考えたのはロックもカントも同じです。ロックが「健全なる心意は健全なる身体に宿る」[6]とするように、カントが乳児の発育は乳母の健康しだいで「乳母の健康に最もよい食物が最もよい」し、「食欲は常に活動と仕事との結果として起こるもの」[7]とするように、人間の心と体は切り離せないのです。フレーベルも、「万物には永遠の法則があって、作用し、支配している」[8]ので、万物の使命および天職は、その本質を発展させることとして、彼の教育実践においても食を人生の初めに位置づけています。「乳児の感官および四肢の活動は、最初のこの芽生えであり、最初の身体の活動であり、つぼみであり、最初の形成衝動である。」だけに、心身を支える食をおろそかにはできません。母と子が手足を動かしながら遊ぶ歌にも、食と労働の関係、食と生物の関係、食と人間の関係を織り込みました。「味のうた」では、果物の味について親子で語りながら、果物を作る仕事、果物の種類、子どもが味覚を発達させていくことへの自信などを伝えて遊びます。また、「お菓子揉（もみ）」では，母子が向き合い両手を取って粉を丸めてパンを作る仕草で遊びながら、粉は粉屋に、粉屋は百姓から麦を買い、麦は百姓が作り、百姓が麦を作る大地は神がつくることを歌いながら遊びます。食こそ、幼い頃から生きている世界を学ぶ基本なのです。

　当然、食の教育には、労働が伴います。フレーベルは、「労働による、労働への関係における学習、即ち生活による生活からの学習がすべてに関するより徹底した、より包括的な学習であるし、それ自体、またそうした学習を行った者の中で生き生きと発展しつづける学習である。」として、家庭や学校教育が子どもの身体を怠惰に仕事無精にしないように、勤労のための早期教育の必要性をあげています。とくに、少年期に近づいた幼児には、親の働く近くにいてその仕事を見、模倣してやってみようとし、手伝えることを喜びとする生活が重要です。父親が除草する傍らで毒ゼリと食用ゼリとの見分け方を知る、森林伐採に同行させ

樹木の違った性質を教える、狩猟の仕方、鉄の打ち方、秤(はかり)の水平の保ち方、織り方や染め物、指物師(さしものし)や大工の仕事など、さまざまな働く父親の姿を見せるのです。

ルソーやフレーベルの食と労働の教育思想に影響を受けた人々は多く、デューイは衣食住にかかわる調理、木工、裁縫の3活動は、"人類の基本的な諸活動"で、社会的な力と洞察力を発達させるとして、教育を「生活に統一する」ことを実践しました。社会は人々の間にある共通の精神、目的とつながっているから共同体として成り立つのであって、「学校が自然な社会単位として自らを組織できない根本的理由は、生産的な活動という要素が欠けている」からだとし、人間の努力を地球（大地、海、山など）から切り離さないこととします。「地球は人間のすべての食物の究極の供給源である。それは人間が絶えず身を寄せ身を護る場所であり、人間のあらゆる活動の原材料であり、－中略－人間化・理想化に帰着するところである」[9]として、エンゲルスと同じ哲学的視点に立ちます。労働は卑しいものではなく食の供給源であり、生きる基本なのです。

| フレーベル「母の歌と愛撫の歌」 |
| --- |
| 「味のうた」（1番のみ抜粋）津川圭一訳 |
| おくち を あいて ごらんなさい な |
| ぶどう が ひとつ はいりました よ |
| どんな あじ です たべて みましょう |
| とても あまくて おいしい でしょう |
| こんどはりんご これも たべましょう |
| けれど ほうやの おくちが つぼんだ |
| すっぱい すっぱい とても すっぱい |
| もっと あまいのが ほうやは すきよ |
| ももをたべると いくらか にがい |
| けれど ほうやは それをたべます －略－ |

また、ドイツのケルシェンシュタイナーは、学校は子どもを生活と学習の主体者とするところで、自発性の原理、全体性の原理、自由の原理、成長意識の原理、自己検証可能性の原理が働く場所ととらえました。学校こそ、生活体験を重視して自己活動をするように、と主張して作業学校と名付りました。フェリエールも、本当の労働とは自発的かつ知的な活動である、として食と関連した労働を生きる原点に置いた学校の必要性を説き、作業を新教育運動（教授中心の伝統的教育ではなく児童中心の教育）の中核にすえました。欧米だけでなくインドのタゴールは真の教育は自然との結合であるとして手仕事を重視し、ガンディーも国民学校を構想するに当たって手仕事と裁縫と料理を必修としています。そして9歳からの教育は自給自足で、学校経費もそれで補うというものでした。

労働による手の発達が、人間に食文化をもたらし、他の動物と区分します。ルソーに始まる教育思想や食料を獲得するための労働を忘れたとき、人間が退化するというエンゲルス理論が作業学校の内容をつくりだしています。

東京女子師範附属幼稚園は開設時から一人につき3尺四方の畑があり、子どもは野菜や花を栽培していましたので、フレーベルが『人間の教育』で説いた労働の大切さは、日常の生活環境にありました。当時、他の幼稚園でも草取りや庭掃きなどの生活作業だけでなく、園芸、飼育、栽培などの労作があり、また家から収穫した野菜などを持ち寄って慰問するといった奉仕活動も用意されていました。労働と食べることと祈りをつなげた生活は、日本の幼稚園設立当時から、生活における教育内容としてあったのです。

## 8　保育内容としての食の再考

　このように歴史を振り返ってみると、保育内容としての食を再考しなければなりません。国の教育課程基準である「幼稚園教育要領」では、領域「健康」の内容「（7）身の回りを清潔にし、衣服の着脱、食事、排泄など生活に必要な活動を自分でする。」にあげてありますが、食事の自立が保育内容としておさえてあるだけです。また、領域「環境」の内容「（5）身近な動植物に親しみをもって接し、生命の尊さに気づき、いたわったり大切にしたりする。」には、大切にいたわるという視点が強調されていますので、育てて食べるなどとんでもないことになります。今日の小学校学習指導要領と同様、幼稚園教育要領では、ルソーやフレーベルが願った、あるいは新教育を推進した人々が願った園芸、飼育、栽培や食との関係、生産と消費、地場産業や食材への関心などはまったくみられません。平成20年度改訂の幼稚園教育要領には、食育基本法に関連して領域「健康」「人間関係」などに具体的内容が押さえられるようですが、現段階では食とつなげて生活に統一する生きた学習経験は想定されていないのです。

　しかし、保育内容を"生活に統一する"ことによって総合的に生活世界を学習させていくという園がないわけではありません。それらの園では遊びを充実させる一方で、庭に果樹を植えて季節の味わいを堪能したり、果実を梅干しやジュースにしたり、あるいはイチゴやトマト、大根などの野菜を栽培し、収穫して調理し、食べるという経験を保育内容として組み込んでいます。また、ヤギやニワトリなど可能な家畜を飼育して、乳や卵を野菜や小麦粉などといっしょに調理に使って食べる経験を大切にしています。それが食と労作と生きることとの関連で教育課程に構造的に押さえられているかは定かではありません。実践者の認識が活動しただけで終わっている場合もあります。保育内容としての輪郭を具体的に構造化し、実証する研究が必要といえましょう。さもなければ、生きることと食べることの関係も、自然に向き合う意味も、そこで学習し陶冶した経験内容もみえません。

　これからの就学前教育（保育所等も含む）における食育で大切なことの第一は、園生活を"生活に統一する"ことの確認です。遊びや園芸、飼育、栽培などの労作活動と給食や弁当、おやつなどの生活をつないで、食に対する豊かな世界観を形成することが、健康な身体と鋭敏な感覚器官、活動できる自己への自信や精進感・自己充実感を開発することにつながります。生物の命をいただく実感は、生物と親しまなければ理解できません。

　食育の第二は、子どもが日常、食べるものが見える仕組みを開発していくことです。自分たちで飼育栽培したり草摘みやクリの実拾い、ワカメ取りなど食材を生産する大人たちといっしょに暮らし、手伝いながら対象と親しくなることです。子どもは手伝いを通して、自然物や自然界に向き合う知識を獲得し、いっしょに汗して働くなかで同じような感情を味わ

い、技をまねて取り入れていきます。世代から世代へ、食物の取り方を教えるのは動物の親が我が子に伝える最も基本的なことです。園内だけでなく、地域社会に共同作業する大人たちがいたら、子どもの学習内容はさらに広がりをもちます。こうした経験がやがて生産と消費の学習を容易なものにしていきます。

　食育の第三は、乳幼児期からの味覚、臭覚、触覚、視覚、聴覚の五感を通して日本の食文化に接していくことです。人間が食文化を失うと、動物の世界と同じになってしまいます。食文化は地域の自然と風土と人々が織りなす歴史的な財産であり、人々に共通する季節感であり、ハレ（行事などの非日常）とケ（日常）の区分でもあります。日本人のアイデンティティや郷土愛は、食を通した地域の人々との関係のなかで培われるといっても過言ではありません。北から南まで縦長な日本には、それだけの多様な食味、食文化があり、美的感覚があり、伝統があります。

　食育の第四は、調理し、配膳し、感謝して食べ、整頓するまでの過程を、食事の作法として押さえることです。生き物をいただく感謝の心は作法によって培われます。調理を毎日ということは現実には不可能でしょうが、たまにでも調理した経験が調理してくれる人への感謝の言葉になります。また机拭き、箸と汁碗と飯茶碗などの配膳が食べるときの所作振る舞いの美をつくり、食べる仲間たちとの語らいが味を引き立てます。最後に食器や机上を整理整頓し、挨拶して食事が終わる区切りを生み出すのが食の作法です。

　このように食育の内容をとらえてみると、弁当であれ給食であれ、従来の食べるマナーだけを保育内容とする以上に、乳幼児期に食を通して学ばせてやりたい内容があることが浮き彫りにされるでしょう。しかし、親や保育者は、自我が芽生え、自己教育が始まる幼児期になっても、乳幼児前期の口に運んで食べさせてやるという意識を引きずっているのかもしれません。あるいは、義務教育諸学校段階になっても大人たちが食べさせてやっているという意識は変わっていないのかもしれません。経済的に独立していない年齢段階の子どもですから、食べさせてやっていることも事実ですが、子どもは食べさせてもらっているからこそ手伝いをして生きる術を学び、いつか独立する心を培うことが必要でしょう。子どもをいつまでも無能者として扱うかぎり、子どもは大人に拘束されて不自由であり、食への感謝どころかわがままを学習して、生きることを忘れる現象を生んでいくのです。食糧の生産過程、料理を味わう生活の喜び、食文化を共有する社会の一員としての意識は、衣・住以上に、意識的、自覚的に次の世代に伝えていかなければならない課題でしょう。『食料白書』[10]では、四半世紀以上も前から食育の問題提起がされています。また厚生労働省、文部科学省、農林水産省も、長寿社会と生活習慣病、若年層の不規則な食生活などについてさまざまな指針を出してきました。それらを家庭教育も学校教育も福祉施設等も怠ってきたとしたら、食育元年は、まさに国民が生きることを見直す元年になるといえましょう。

## 9　食育環境の醸成

　戦後60年、大きな回り道をした日本は、生きることが食と分離したため田畑、森林、海などの自然環境が荒廃し、食文化だけでなく食糧の自給自足率が著しく減少しています。「豊かな緑と水に恵まれ、食文化に恵まれた」日本を取り戻すため、食育環境づくりに多くの人々が取り組みくんでいます。長野県の小中学校、幼稚園、保育所、病院、知的障害者施設、議員、農家、経済界など、すべての人々がネットワークを作り生みだしている地産地消の『食育のススメ』[11]は、味覚の育ちを守り、食と農とふるさとをつなぎ、児童の農業小学校体験を広げ、生産者、仲買人、学校、子どもを結んだ流通システムを開発し、農村生活マイスターである父母が活躍して農業をも振興するという、柔軟性のある食育のススメです。地元産のベビーフードまで作ってしまうという、まさに食と労働を軸にした場が、子どもたちに豊かな学習をもたらし、地域の健康を増進し、コミュニケーションを発達させ、人間を進化・発展させていくものとなっています。ここには、食物の究極の供給源である地球で、人々が身を寄せ、身を護る社会を形成する活動があります。

　また、みどりの森幼稚園の実践にもみるように、食育によって学校教育が変わる可能性が出てきました。保育内容としての食を再考することは、幼稚園、学校、保育所などが保有する、ばらばらになってしまった教育内容を、生きることにつなげるチャンスです。食と生きることの学習は、献立の工夫、食器の改善、食堂の設置などの部分的な改革がもつ限界を飛び出したのです。塀の中の学校・幼稚園・保育所などから地域社会に一歩出て、教育・保育の構造そのものを変え、教育内容・保育内容に活気をもたらすことでしょう。

〈引用文献〉
（1）エンゲルス『猿が人間になるについての労働の役割他』大月書店　1965　20p
（2）ジェームズ・ミル『教育論・政府論』岩波文庫　1983
（3）日本保育学会編『写真集幼児教育百年の歩み』ぎょうせい　1981
（4）上笙一郎、山崎朋子『日本の幼稚園』理論社　1965
（5）ルソー『エミール』岩波文庫　1962　31p8
（6）唐沢富太郎監『明治教育古典叢書22、洛氏教育思想』東京図書刊行会　1981　1p1
（7）カント『人間学・教育学』玉川大学出版部　1986　335p1　336p1
（8）フレーベル『世界教育学選集9　人間の教育』明治図書　1960　9p2、39p7、39p12
（9）デューイ『学校と社会』岩波文庫　1957　25p10-30p2
（10）食料農業政策研究センター『食料白書』農山漁村文化協会　2005
（11）野池元基編『食育のススメ』川辺書林　2006

# 第3章 みどりの森のレシピ

### ●春のレシピ
1. 春のおにぎり
2. 春のみそ汁
3. 鶏肉と新じゃがの煮物
4. 春野菜の天ぷら
5. たけのこごはん
6. 春のスープ
7. 新キャベツと厚あげの煮物
8. 苺のジェラート
9. 苺のかくれんぼ

### ●夏のレシピ
10. 夏のおにぎり
11. 夏のみそ汁
12. 野菜たっぷり手作り揚げがんも
13. 夏野菜の甘味噌かけ
14. さっぱり梅じゃこおにぎり
15. 冷汁（ひやじる）
16. ししゃもの米粉揚げ
17. 人参とりんごのゼリーアイス
18. ずんだおはぎ

### ●秋のレシピ
19. 秋のおにぎり
20. 宮城県風芋煮汁
21. サンマの蒲焼
22. にら、人参、こんにゃくの白和え
23. いなり寿司
24. 石巻風つみれ汁
25. 里芋の甘味噌かけ
26. スティックポテト
27. 米粉のお好み焼き

### ●冬のレシピ
28. 冬のおにぎり
29. 冬のみそ汁
30. 節分料理　いわしのカレー粉揚げ
31. いりどり
32. かぼちゃごはん
33. 秋田の郷土料理　だまっこ汁
34. 肉豆腐
35. 山芋もち（かるかん）

### ●郷土料理のレシピ
36. 柿練り（かきのり）
37. おくずかけ
38. 甘味噌・豆味噌・野菜味噌
39. 干し柿なます
40. 田作り

## 1．春のおにぎり

◇わかめごはん
～磯の香と炊きたてごはんのハーモニー～
≪材料：10個分≫
五穀米…600ｇ、乾燥ワカメ…2ｇ、塩…小1/2
≪作り方≫
①乾燥ワカメを水に戻す。②さっと湯に通し、しっかり水分を取る。③ねばりが出ないように手早く、細かく包丁で切る。④塩を混ぜて30分くらいおく。
⑤炊き上がったごはんに混ぜる。

◇ゆかりごはん
～ゆかりの香りは子どもが大好き～
≪材料：10個分≫
五穀米…600ｇ、ゆかり…小さじ1

◇のり塩ごはん
～シンプルな海苔と塩ごはん、なじみ深い人気の味～
≪材料：10個分≫
白飯…600ｇ、塩…小さじ1/2、焼きのり…2枚

●みどりの森レシピのポイント
試行錯誤を重ねたわかめごはん。ワカメの水分をよく取ってから、塩と混ぜること。塩味をやや濃い目につけた方がワカメの味がしまる。好みでゴマなどを入れてもよい。にぎり方は、みどりの森のおにぎり（P.13）参照

## 2．春のみそ汁
～新入園児にも、「つるっ」と食べやすい味噌汁～
≪材料：10人分≫
だし汁＋もどし汁…5カップ、干しいたけ…4枚、切り干し大根…10ｇ、油揚げ…1/2枚、とうふ…1/2丁、米粉めん※…70ｇ、なめこ…150ｇ、ねぎ…10cm長さ、みそ…大さじ3強
《作り方》
①干ししいたけは水でもどし、細切り。切り干し大根は2～3cmに切り、水でもどしておく。油あげを油抜きし、細切りにする。豆腐は小さめのさいの目に切る。
②米粉めんを5cmくらいに切り、かために下ゆでする。
③だし汁にしいたけと切り干し大根のもどし汁を加え、干ししいたけ、切り干し大根を加え約5分煮る。油揚げ、豆腐、米粉めん、なめこ、小口切りのねぎを加え軽く煮たら、味噌を溶き入れひと煮たちさせる。

●みどりの森レシピのポイント
春の味噌汁は、食材だけではなく、新園児が食べやすいように配慮した、「春」の子どもたちのための味噌汁。なめこや細長い切り方の具は、喉ごしがよく、「チュルチュルしてるから食べたい！」と子ども心をくすぐるようだ。
※米粉めんについては、P.133を参照のこと。

## 3．鶏肉と新じゃがの煮物
～人気の骨つき鶏肉に旬の新じゃがの組み合わせ～
≪材料：10人分≫
鶏肉骨付き手羽元…10本、ごぼう…小1本
人参…中1/2本、油…大1強、じゃがいも…中2個
揚げ油…適量、だし汁…1カップ、しょう油…大さじ2
塩…小さじ1/2、砂糖…大さじ1、みりん…大さじ1
≪作り方≫
①フライパンに油を熱し、鶏肉に焼き色がつくように焼く。
②じゃがいもを一口大に切り、あたためた油で表面がカリッとするように約3分素揚げする。
③ごぼう、人参は小さめの乱切りにする。ごぼうは水にさらしてあくをぬく。
④鍋に油を熱し、ごぼう、人参を炒めたら、鶏肉、だし汁、砂糖、みりん、しょうゆ（半量）を加えて約10分煮る。
⑤じゃがいも、残りのしゅうゆを加え、照りをだすように煮詰める。

●みどりの森レシピのポイント
新じゃがは素揚げすると味にコクが出て、煮くずれない。ごぼうと人参は子どもが食べやすいよう小さく切る。

## 4．春野菜の天ぷら
～歯ごたえをそのまま味わう～
≪材料：10人分≫
筍（ゆで）…中1/2個、さつまいも…5cm長さ
かきあげ（新人参…4cm長さ、新玉ねぎ…1/4個、みつば…少々、小女子…大さじ1）
新ごぼう…10cm長さ
（だし汁…大さじ2、砂糖…小1/2、しょうゆ…小1/3）
れんこん…5cm長さ、そら豆…10粒
天ぷらの衣
（上新粉…65ｇ、片栗粉…35ｇ、氷水…1/2カップ
しょうゆ、塩…各少々）揚げ油…適量
≪作り方≫
①ゆで筍は縦に薄く切る。サツマイモは輪切り。新人参はせん切り、新玉ねぎは細切りにする。れんこんは5mm幅に切り、水にさらす。そら豆は塩ゆでし、皮をむく。
②新ごぼうは4センチ長さに切り、縦に四つ割りにし、水にさらしあくを抜く。分量のだし汁、砂糖、しょうゆで下煮しておく。③各野菜に上新粉と片栗粉を2：1の割合で混ぜたものをまぶす。④天ぷらの衣の材料を混ぜる。⑤野菜に衣をつけ、あたためた油でからっとするまで2～3分揚げる。

●みどりの森レシピのポイント
ごぼうはスティック状にして下煮してから揚げると、「おいしい」と人気料理に。ちょっと手を加えるだけで、これほど子どもの反応が違うのかと考えさせられた1品。

## 5. たけのこごはん
～"のびてゆく力強さ"をごはんで味わう～

≪材料：10人分≫
米…2合、だし汁＋煮汁…2.3合
筍（ゆで）…100ｇ、油揚げ…1/3枚
しょうゆ…大さじ2弱、塩…少々、砂糖…大さじ1/2
みりん…大さじ1/2、酒…大さじ2

≪作り方≫
①米は炊く一時間ほど前に洗ってザルにあげて水気をきっておく。
②筍と油揚げを細かく切り、しょうゆ、塩、砂糖、みりん、酒で煮る。
③米に②の煮汁とだし汁を合わせたもの2.3合分を加え、②の具を入れて炊く。
炊き上がったら、蒸らして、ふんわりと混ぜる。

●みどりの森レシピのポイント
とにかく旬の食材を子どもたちに食べさせたい、という思いがいっぱいの料理。野菜の旬がなくなったといわれる中、筍は春をしっかり主張している食材のひとつ。前日に皮付きの筍を子どもたちに見せたりも。筍は小さめに切るとおにぎりにしやすい。

## 6. 春のスープ
～春先の新野菜の味をシンプルに味わう～

≪材料：10人分≫
新玉ねぎ…1/2個、鶏もも肉…1/2枚、油…小さじ1
鶏ガラスープ…6カップ、新キャベツ…2枚
新じゃがいも…1個、かぶ…小2個、新人参…小1/2本
とうもろこし（缶）…30ｇ、塩…小さじ1
しょうゆ、こしょう…各少々

≪作り方≫
①鶏ガラでスープをとる。
②人参は花形にくりぬく。野菜はすべて7～8㎜角に切り、鶏肉はひと口大に切る。
③鍋に油を熱し、鶏肉と玉ねぎを炒め、鶏ガラスープを加える。
④3に人参、キャベツ、じゃがいも、かぶ、とうもろこしの順に加え、約15分煮る。
⑤野菜が柔らかくなったら、塩、こしょう、しょうゆで味を整える。

●みどりの森レシピのポイント
春の新キャベツを子どもたちに食べさせたいという思いから生まれた料理。いつもの味噌汁とはちょっと違ったこんなスープもいいかなと。あっさり味なので、鶏ガラでとったスープがよく合う。

## 7. 新キャベツと厚あげの煮物
～新キャベツの甘みをじんわりと味わえる味～

≪材料 10人分≫
新キャベツ…4枚（200ｇ）、厚あげ…1/2枚（100ｇ）
油…小さじ1、だし汁…大さじ2、しょうゆ…小さじ1
塩…小さじ1/3、砂糖…小さじ1、みりん…大さじ1/2

≪作り方≫
①厚あげは一口大に切る。キャベツはざく切りにする
②鍋に油を熱し、キャベツを炒める。しんなりしたら、厚あげ、だし汁、塩、砂糖、みりんを加え、落し蓋をして中火で約5分煮る。
③火が通ったら、しょうゆを加え、冷まして味をなじませる。

●みどりの森レシピのポイント
「新キャベツを食べさせたい」料理の第2弾。煮浸しなどの和食を食べさせたいと思い、伝統的な日本の食材である厚あげを加えてコクを出した。キャベツを小松菜やほうれん草にすると、子どもたちの反応はとたんに厳しいものになる。和風煮物の入門は、まずはキャベツからといったところ。

## 8. 苺のジェラート
～1ケ月間 待ちに待ったおやつ～

≪材料：10人分≫
苺の砂糖漬け（苺125ｇと砂糖125ｇを約1ケ月漬けたもの）…250cc、豆乳（成分無調整）…6カップ、レモンの絞り汁…1/2個分、湯冷まし…2.5カップ、苺に砂糖をかけてしっとりさせ凍らせたもの…10個
氷…適量、ミントの葉…適量

≪作り方≫
まず、苺の砂糖漬け作り…①苺を水洗いし、ヘタをとりきれいに水分を拭きとる。②熱湯で洗った後、自然乾燥させたビンの中に苺と同量の砂糖を入れる。③直射日光のあたらない風通しのよい所で、約1ケ月間保存する。
次に、苺のジェラート作り…①豆乳、苺の砂糖漬け、レモンの絞り汁、湯ざましをミキサーでジュース状にし、バットに入れて冷凍庫で凍らせる。②40～60分して、半凍りのものを出して、かき混ぜる。これを3～4回繰り返す。③食べる直前に、氷といっしょに再びミキサーにかける。（味が濃い時は湯冷ましを入れて調節する）
④苺を凍らせておいたものを器に入れ、③を注ぎ入れる。ミントの葉を飾る。

●みどりの森レシピのポイント
子どもたちがつくった苺シロップ（P27参照）をつかったおやつ。凍らせた苺のことは手伝ってくれた子との間の秘密。盛り付けたときには見えないので飲んだ時にみんなを「うわぁー」と驚かせるのが楽しみ。

## 9. 苺のかくれんぼ
### ～くずもち風の片栗粉もち～

≪材料：10人分≫
苺…小10個、砂糖…大さじ1/2
片栗粉…1カップ、砂糖…1カップ
水…3カップ、片栗粉（もちとり用）…適量

≪作り方≫
①苺を2等分し、砂糖をかけてしんなりさせておく。
②片栗粉、砂糖、水を鍋に入れてよく混ぜる。中火にかけ、煮立つまで練りつづける。
③バットに片栗粉を薄く広げ、その上に②を流し、上面にも片栗粉をふる。
④荒熱がとれたら、10個に切り分ける。
⑤1個分を手のひらで形を整えながら広げ、①の苺の汁気を切ったものをのせて包む。

●みどりの森レシピのポイント
あんこを入れた団子は子どもに人気がなく、どうしたらと考え思いついたレシピ。片栗粉もちは冷めすぎると丸めにくくなるので手早くまとめるのがコツ。本来はくず粉で作るが、片栗粉は身近に使いやすい。また、この時点ではコンタミ確認のできるくず粉が入手できなかったことから片栗粉を用いた。

## 10. 夏のおにぎり
### ～自然の味をしっかり味わう～

◇柿の葉ごはん
≪材料：10人分≫
14・さっぱり梅じゃこおにぎりのごはん…600ｇ
柿の葉漬け…6枚
≪柿の葉漬けの作り方≫
①新緑の頃、やわらかく色の薄い柿の葉を摘み、洗って水気を切る。②柿の葉、塩を重ねて漬ける。ビニール袋に入れ、空気を抜いてアルミホイルで包み、冷凍庫で保存。一週間以降から、食べられる。（1年間保存可）
≪柿の葉ごはんの作り方≫
①押し寿司の木枠にラップを敷き、柿の葉漬けを3枚敷く。②ごはん300ｇを入れ、ラップでふたをし、木枠で押す。③木枠からはずし、ラップでくるんだまま、しばらく置いておく。④なじんだら、ラップからはずし食べやすい大きさに切る。

●みどりの森レシピのポイント
「えー、葉っぱも食べられるの？」と子どもだけでなく、大人もびっくり。本来は酢飯でつくられる柿の葉寿司ですが、酢の酸味が苦手な子が多いため、酢飯ではなく白飯を用いました。

## 10. 夏のおにぎり つづき

◇おかかごはん
～おかかを入れてしっとりと～
≪材料：10人分≫
五穀米…600ｇ、梅干の果肉…2個分、
かつおぶし…10ｇ、だし汁…大さじ2、
しょうゆ…小さじ1/2
≪作り方≫
かつおぶし、梅干し、だし汁、しょうゆを混ぜておき炊きたてごはんにざっくり混ぜる。

●みどりの森レシピのポイント
かつおぶしがご飯の水分を吸ってしまうと、仕上がりがぱさぱさになるので、だし汁などを加えてしっとりさせてから混ぜる。

◇のり塩ごはん
～たまには五穀米も～
≪材料：10人分≫
ごはん（五穀米）…600ｇ
塩…小さじ1/2、焼き海苔…2枚

## 11. 夏のみそ汁
### ～豚肉から出る、ほど良い脂が食欲をそそる～

≪材料：10人分≫
だし汁＋もどし汁…5カップ、豚バラ肉…40ｇ、
じゃがいも…大1個、豆もやし…150ｇ
切干し大根…10ｇ、みそ…大さじ3強
米粉めん（P133）…70ｇ
《作り方》
①切干し大根を2～3cmに切り、水でもどす。じゃがいも、豚肉を一口大に切り、豚肉と豆もやしと炒める。
②米粉めんを5cmくらいにし、下ゆでする。
③だし汁に切干し大根のもどし汁を加え、①を入れて煮る。
④じゃがいもに火が通ったら②を入れ、味噌を溶き入れ、ひと煮たちさせる。

●みどりの森レシピのポイント
この味噌汁は子どもたちがあまり得意ではない「もやし」が主役。椀に味噌汁をよそった時、豆もやしの豆は沈んで見えない。「今日のもやしには豆がついてるのよ。豆がついているもやしがあった人は大当たり！」というと、子どもたちは自分の椀に豆が入っているか探し、入っていると「当たった！」と大騒ぎになる。「おいしさ」を引き出す「楽しさ」の工夫と、もやし特有の臭さを抜くために豚肉と一緒に炒める調理の工夫が、子どもたちの野菜の世界を広げていく。

## １２．野菜たっぷり手作り揚げがんも

～枝豆、かぼちゃ、れんこんの歯ごたえと豆腐のやわらかさとのコンビネーション～

≪材料　15個分≫
焼き豆腐…1丁（250ｇ）
れんこん…150ｇ（すりおろし90ｇ含む）
かぼちゃ…60ｇ、枝豆…30ｇ、とうもろこし…30ｇ
片栗粉…大さじ5、塩…小さじ1/2、揚げ油…適量

≪作り方≫
①焼き豆腐を水切りする。かぼちゃを5㎜角に切る。とうもろこしはゆでて実をほぐす。
②枝豆を塩湯でしむき豆にする。れんこんはアク抜きし、みじん切りとすりおろしにしておく。
③①、②に片栗粉・塩を入れよく混ぜる。
④手で丸く形を整える。
⑤油を熱し、中温で約5分揚げる。

●みどりの森レシピのポイント
がんも揚げは子どもの人気メニューの１つ。たっぷりの野菜も気にならない。焼豆腐を使うと豆腐の水切りの時間を短縮できる。がんもはそのまま食べられるように塩味をつける。水分を切ったひじきの煮物などを入れてもおいしい。

## １３．夏野菜の甘味噌がけ

～食欲のない夏の日にも、ポリポリとまらない～

≪材料：10人分≫
きゅうり…2本
スナックエンドウ…20本
甘味噌（P132）…大さじ2

≪作り方≫
①きゅうりをスティック状に切る。
②スナックエンドウを塩ゆでする。
③甘味噌をかける。

●みどりの森レシピのポイント
細長い形状はなぜか子どもの食欲をくすぐるらしく、きゅうりはスティック状にして、手で持って食べられるようにするのがポイント。食欲がない時にも、これなら大丈夫の１品。

## １４．さっぱり梅じゃこおにぎり

～梅肉酸味がさっぱり梅干苦手な子もこれなら大丈夫～

≪材料：10人分≫
ごはん（五穀米）…600ｇ
梅干の果肉…2個分（12ｇ）
小女子…20ｇ、枝豆…80ｇ
青じそ…4枚、白ゴマ…大さじ1
油…適量、しょうゆ…適量

≪作り方≫
①小女子は湯通しし、水分を切り、油をひいた鍋で炒り、しょうゆを回し入れて香りをつける。
②梅干は果肉のみを包丁でたたきペースト状にする。青じそは千切りにし、5分程水にさらし水を切る。枝豆は塩茹でし、むき豆にする。白ごまは煎っておく。
③ごはんに材料を混ぜ合わせ、おにぎりにする。
＊にぎり方はみどりの森のおにぎり（P118）を参考

●みどりの森レシピのポイント
各材料の量は好みで。季節に合わせてきゅうりの塩もみをまぜたり、赤じその塩漬けを入れたりし、人気の具材で年間を通して作る。梅干は塩分にもよるが、一合の米に対して１個ぐらいが目安。

## １５．冷汁（ひやじる）

～みどりの森オリジナルな夏の味～

≪材料：10人分≫
だし汁としいたけのもどし汁…5カップ、昆布 10ｇ、干しいたけ…5枚、油あげ…20ｇ、煮汁（だし汁…大さじ3、しょうゆ・砂糖・みりん各小さじ1/4）
なす…1本、揚げ油
なめこ…60ｇ、ねぎ…5㎝長さ、しょうゆ・砂糖・みりん・酒…各小さじ5、塩…ひとつまみ、氷…10かけ

≪作り方≫
①なすを一口大に切り、水につけあく抜きし、油で素揚げする。なめこを湯通しする。
②干しいたけは砂糖少々を加えた水でもどす。干しいたけ、油抜きした油あげを細切りし、煮汁で煮ておく。
③鍋にだし汁と干しいたけのもどし汁に昆布を入れ、沸騰寸前に昆布をとり出す。しょうゆ、砂糖、みりん、酒、塩、具を加え、沸騰したら、火を止め、冷ましておく。
④器に入れ氷をうかべる。

●みどりの森レシピのポイント
暑い夏でも、しっかり身体を動かして遊ぶ子どもたちには、冷たい汁がなによりのごちそう。具を小さく切って喉ごしをよくする、揚げる・煮るなどのひと手間かけた具の下ごしらえが、おいしく食べるためのポイント。

## １６．ししゃもの米粉揚げ
～表面がカリカリッとお菓子みたい～

≪材料　10人分≫
ししゃも…10匹（150ｇ）
ししゃもにまぶすための上新粉…適量
上新粉…60ｇ、片栗粉…40ｇ
氷水…1/2カップ、しょうゆ…小さじ1/3
揚げ油…適量

≪作り方≫
①ししゃもに上新粉をふる。
②上新粉、片栗粉、氷水をよく混ぜて衣を作り、①をくぐらせ、あたためた油で約３分揚げる。

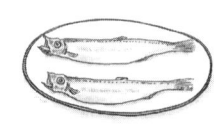

●みどりの森レシピのポイント
衣は固めにしたほうが、かりっと仕上がる。ししゃもの米粉揚げを「わあ、エビフライだ！」と想像する子どもたちは、エビフライのようにおいしいものと受け止めているようだ。ふだん食べ慣れないものでも、自分の好きなものとイメージがつながった時、子どもたちはその食べ物を「おいしそう」と思うのかもしれない。

## １７．人参とりんごのゼリーアイス
～甘酸っぱい味に食物繊維がたっぷり～

≪材料　10人分≫
人参…小１本、リンゴ…小１個、砂糖…40ｇ
レモン汁…1/3個、水…350cc
ビートオリゴ…40ｇ、粉寒天…４ｇ

≪作り方≫
①人参の皮をむき、一口大に切る。水と半量の砂糖でやわらかくなるまで煮る。
②①をミキサーでジュース状にする。
③鍋にりんごのすりおろしと粉寒天、レモン汁を混ぜ、②と残りの砂糖とビートオリゴを加え、火にかける。沸騰したらすぐに火をとめ、冷めたら冷凍する。
④少しとかしながら食べる。

●みどりの森レシピのポイント
一般的な寒天ゼリーより、寒天の割合を少なくし、仕上がりを"ユルユル"にして凍らせると子どもが食べやすい。

## １８．ずんだおはぎ
～郷土のお彼岸の味、黄緑色とつぶつぶ感を楽しむ～

≪材料　10人分≫
ごはん　…400ｇ
ずんだあん
枝豆（塩で湯がいて皮と薄皮をむいたもの）150ｇ
砂糖…大さじ３、ビートオリゴ…50ｇ、塩…少々

≪作り方≫
①沸騰したお湯に塩を入れて、枝豆をやわらかめにゆがく。
②枝豆の皮と薄皮をむき、荒く刻み、すり鉢でよくすりつぶす。砂糖、ビートオリゴ、塩を加えて、よくまぜる。
③ごはんは熱いうちにすりこぎなどでつき、半分くらいがつぶれ、粘りが出たら、濃い目の塩水を手につけながら丸める。
④ごはんにずんだあんをまぶす。

●みどりの森レシピのポイント
伝統的な食習慣であるお彼岸のおはぎを子どもたちに食べさせたい、それも宮城らしいものをというなかで生まれた料理。他にきな粉、小豆あんのものもつくり、子どもたちは好きなおはぎを選ぶ。ビートオリゴはつやが出るのでお菓子などに便利。

## １９．秋のおにぎり

◇芋栗ごはん
～ほっこりと、あたたかいおいしさ～
≪材料：10人分≫
米…２合、水…2.3合
さつまいも…50ｇ
栗…50ｇ
塩…小さじ　2/3
みりん…大さじ１

≪作り方≫
①栗を10分程湯がき、お湯につけたまま保温しておく。冷たくならないうちに皮と渋皮をむく。
②さつまいもの皮をむき、一口大に切り、水にさらす。
③米を洗い、水と昆布を入れて一時間ほどつけておく。
④昆布をとり出し、栗、さつまいも　塩、みりんを入れて炊く。蒸らしてから、ふっくらと混ぜる。

●みどりの森レシピのポイント
大人にはだんぜん「栗」が人気。子どもは意外にも「芋」が人気、そんな気持ちを一緒にしたごはん。

## 19．秋のおにぎり（つづき）

◇味噌おにぎり
〜子どもにも大人にも人気No.1〜
≪材料：10人分≫
ごはん（五穀米）…600ｇ
甘味噌…大さじ10
≪作り方≫
①みどりの森のおにぎりのにぎり方（P13）を参考に、少し固めににぎる。バットに並べて表面を乾燥させる。（30分くらい）
②両面に甘味噌をたっぷり塗り、オーブンで焼いて焦げ目をつける。

●みどりの森のレシピのポイント
とにかく人気No.1。甘味噌は冷めると固くなるので、酒を加えてゆるめに仕上げたほうがおにぎりに塗りやすい。甘味噌の水分で、にぎったおむすびがバラバラになりやすいので、他のおにぎりよりも固めににぎったほうがよい。

◇しゃけごはん
〜どの子も大好きなしゃけにぎり〜
≪材料：10人分≫
ごはん（五穀米）…600ｇ
鮭（甘塩）…大1切れ（100ｇ）
※塩味はにぎる際の塩で調節する。

## 20．宮城県風芋煮汁
〜収穫の秋。宮城の伝統の味を子どもたちに〜
≪材料：10人分≫
豚肉…200ｇ、豆腐…1/2丁、里芋…5個
大根…3cm長さ、人参…1/2本、ごぼう…1/2本
白菜…2枚、こんにゃく…1/2枚、長ねぎ…1/2本
だし汁…6カップ、味噌…大さじ3強、酒…小さじ2
みりん…小さじ2、油…適量
≪作り方≫
①里芋は一口大に切り、下ゆで。大根と人参はいちょう切り、ごぼうはささがきにし、水にさらす。
②白菜は茎を一口大に切り、葉はちぎる。こんにゃくは一口大にちぎって、下ゆで。豚肉・しめじは一口大に切る。
③豆腐はさいの目、長ねぎは小口切りにする。
④鍋に油を熱し、豚肉を炒める。ごぼう、大根、人参を加え炒める。
⑤だし汁を加え、白菜、里いも、しめじを約15分煮る。豆腐と長ねぎを加え、味噌を溶き入れ、ひと煮たちする。

●みどりの森レシピのポイント
おなじみの宮城の味。なんといっても秋の空の下、親子で作って食べるのが楽しい。山形の芋煮汁（しょうゆ味、牛肉を使用）も一緒に作り、味比べが恒例です。それぞれ地域によって少しずつ味付けが異なり、毎年「どこの出身なの？」といつ会話が楽しみなメニューです。

## 21．サンマの蒲焼
〜海からいただく、宮城の旬の味〜

≪材料：10人分≫
サンマ…5尾、片栗粉…適量、油…適量
つけだれ
しょうゆ…大さじ2・1/2、砂糖…大1・1/2
みりん…大2、酒…大2、オリゴ糖…大1
水…大3、しょうがのしぼり汁…少々

《作り方》
①サンマを三枚に卸し、食べやすい大きさに切る。片栗粉をまぶす。
②フライパンに油を熱し、サンマを両面に焼き色がつくように焼く。
③別のフライパンにつけだれをつくり、②を加えて煮詰める。

●みどりの森レシピのポイント
子どもたちに宮城の旬の魚を食べさせたい。まずは、骨がなく食べやすいこと、子どもたちが好きな味でと考えたところ、「蒲焼」になった。蒲焼を大量に作る際には、焼くフライパンとたれを絡めるフライパンを別にして、流れ作業にしたほうがやりやすい。

## 22．にら、人参、こんにゃくの白和え
〜3種類のはごたえを味わえる一品〜

≪材料：10人分≫
人参　3cm長さ、こんにゃく…1/5枚、しめじ…30ｇ
にら…15ｇ、煮汁（だし汁…1/2カップ弱
しょうゆ…小さじ1/2、塩…小さじ1/2
みりん…小さじ1/3、砂糖…小さじ1/3）
豆腐…1/2丁（200ｇ）、白ゴマ…大さじ1
砂糖…大さじ1、塩…小さじ1/5、しょうゆ…少々
≪作り方≫
①豆腐を湯通しし、水きりする。にらを湯がき2cmの長さに切る。
②こんにゃくは千切りしてから下ゆでする。人参は千切りする。しめじは一口大に切る。
③鍋に、こんにゃく、人参、しめじと煮汁を入れ、汁気がなくなるまで煮る。
④ごまを煎り、すり鉢ですってペースト状にし、豆腐を混ぜてなめらかにする。砂糖、塩、しょうゆで調味し、3の煮汁をきって加え、ふんわりと混ぜる。

●みどりの森レシピのポイント
子どもたちが苦手とする緑野菜の料理を、あれこれ考えていた末にたどりついた料理。「にら」は子どもにはあまりなじみのない食材だが、白和えのほんのり甘い衣に包まれ、おいしく食べられた。

## 23. いなり寿司
〜子どもが大好きいなりずし〜

≪材料：10人分≫
酢めし
米…2合、昆布…10cm 1枚、酢…大さじ2強
砂糖…大さじ2、塩…小さじ1/2強
油揚げ…5枚
だし汁…1/2カップ強
砂糖…大さじ2、しょうゆ…大さじ1

≪作り方≫
①油揚げを半分に切り、袋状に開いてから湯通しし水気を切る。油揚げをだし汁、砂糖、しょうゆで煮る。
②米を、炊く一時間ほど前に洗い、昆布といっしょに水につけておく。昆布をとり普通に炊く。
③鍋に酢、砂糖、塩をあたため、砂糖が溶けたら冷まし、炊き上がったごはんに混ぜる。
④油揚げに3の酢飯を詰める。

●みどりの森レシピのポイント
酢めしは子どもたちには人気がないので、酢と塩を少なめに配合する。油揚げも甘すぎず、あっさり仕上げる。

## 24. 石巻風つみれ汁
〜石巻地方の親子四代伝わる伝統の味のおすそわけ〜

≪材料：10人分≫
サンマ…200g、青じそ…3枚、卵…1/4個
片栗粉…大さじ1、味噌…大さじ1
大根…5cm長さ、ねぎ…1/2本、水…6カップ半
しょうゆ…大1.5、塩…小1.5
砂糖…大1、生姜のしぼり汁…少々

≪作り方≫
①サンマを3枚に卸し、フードプロセッサーでペースト状にする。
②ボールに①と青じそのみじん切り、卵、片栗粉、味噌を加えてこねる。
③鍋に分量の水と大根（いちょう切り）を入れ、塩（全体の半量）を入れ、沸騰したら、②を丸めて加え、時々あくを取りながら、火が通るまで煮る。
④しょうゆ、塩、砂糖で調味し、ねぎ、生姜のしぼり汁を加える。

●みどりの森レシピのポイント
サンマは鮮度が大切なので、つみれ作りの時に温度が上がらないように冷やしながら作る。
魚臭さがないので、魚なのに「肉団子みたい！」と言って食べる子もいる。

## 25. 里芋の甘味噌がけ
〜ふかしたての里芋をほくほく食べる〜

≪材料：10人分≫
里芋…小さめを20〜30個
甘味噌…適宜（38甘味噌　参照）

≪作り方≫
①里芋を蒸し器で蒸す。荒熱がとれたら、食べやすいように里芋の上下を切り落とす。
②甘味噌をかける。

●みどりの森レシピのポイント
好みで甘味噌でなく、塩をかけてもおいしい。子どもがまだ給食になれない時期には、皮を剥いたり、切ったりしてて出すこともある。

## 26. スティックポテト
〜揚げたても、さめてもおいしい人気のおやつ〜

≪材料：10人分≫
さつまいも…大2本（600g）
グラニュー糖…60g
揚げ油…適量

≪作り方≫
①皮つきのままさつまいもを1cm×1cmの太さで細長く切り、水にさらす。
②水気をよく取り、あたためた油で約5分揚げる。
③熱いうちにグラニュー糖をまぶす。

●みどりの森レシピのポイント
さつまいも嫌いの子がお誕生会で出した焼き芋に憂鬱になっていたので、あれこれ考えた末にその子がさつまいもを食べられるきっかけになったレシピ。さつまいもが食べられたことがよほどうれしかったらしく、母親に「食べられたの、家でも作って！」と報告。その後も「私、さつまいもが食べられるの」とうれしそうに話す姿がたびたびみられた。子どもにとって、苦手としていた食材が食べられるようになることは、大人の想像を超えるほどうれしいことのようだ。

## ２７．米粉のお好み焼き
～小麦粉、卵、山芋なしでアレルギー対応～

≪材料：10人分≫
豚肉 バラ肉…100ｇ、しょうゆ…小さじ1/2
キャベツ…400ｇ、人参(すりおろし)…50ｇ
じゃがいも（すりおろし）…150ｇ
れんこん（すりおろし）…60ｇ
上新粉…60ｇ、片栗粉…40ｇ
天かす…大さじ5、水…120cc
しょうがすりおろし…小さじ1/2
だし粉（かつおぶし）…2ｇ、
お好み焼きソース、青海苔、かつおぶし…適宜、油

≪作り方≫
①バラ肉を2cmに切り、しょうゆで下味をつけてよくもみ、ねばりを出しておく。
②片栗粉、上新粉、だし粉（かつお節をミルサーで細かくする）、れんこんのすりおろし、じゃがいものすりおろし、人参のすりおろし、塩、水を混ぜる。
③キャベツの千切り、しょうがのすりおろし、天かすを加えて混ぜ、なじむまで10分くらいおく。生地が固いときは水を加えて調節する。
④フライパンまたはホットプレートに油をひいて焼く。しっかり焼き目がつくまでひっくり返さない。反対面を焼く時上から押さえて形を整える。

●みどりの森レシピのポイント
天かすは上新粉で手作りするとおせんべいみたいな上質な味になるのでオススメ。小麦粉の天かすより固いのでしっかり粉々にし、具材に混ぜ込むことでなじんで食感がよくなる。卵を入れないので、キャベツは太く長すぎると生地がつながりにくくなる。細くしすぎると食感がなくなるので適度に。じゃがいもはつなぎに使うため、水にさらさないですりおろすこと。
みどりの森幼稚園で使っているウースターソース（ヒカリ食品）は小麦粉混入なしなので、ビートオリゴ、りんごのおろし汁を加え、片栗粉でとろみを少しつければ、お好み焼きソースのようにとろっと甘くなる。これならマヨネーズをつけなくても十分おいしい。

## ２８．冬のおにぎり

◇鶏ごぼうごはん
≪材料：10人分≫
米…2合、水…2.3合、鶏肉…80ｇ、
ごぼう…3cm長さ、人参…2cm長さ、油揚げ…大1/2枚、こんにゃく…1/5枚、しょうゆ・みりん…各大さじ1.5、酒…大さじ1
《作り方》
①米は炊く一時間ほど前に洗って、ざるにあげ水気を切っておく。②鶏肉を 口大に切り、人参は2～3cm長さの細切りにする。ごぼうはささがきにし、水にさらす。
③こんにゃくは2～3cmの細切りにし、下ゆでする。油揚げは油抜きし、2cm長さの細切りにする。
④米にしょうゆ、みりん、酒、水を合わせて2.3合分にし、②、③の具を加えて炊く。炊き上がったら、蒸してふんわりと混ぜ合わせる

◇黒豆ごはん
≪材料：10人分≫
米…2合、水…2.3合、乾燥黒豆…25ｇ、塩…小1弱
《作り方》①黒豆を洗い、一晩水につけておく。②米を洗ってざるにあげ、水気をきっておく。③米に黒豆のつけ汁と水を合わせて2.3合にしたもの、黒豆、塩を加えて炊く。炊き上がったら、蒸らしさっくり混ぜる。

◇のり塩ごはん
≪材料：10個分≫
ごはん（白飯）…600ｇ塩…小1/2、焼きのり…2枚

## ２９．冬のみそ汁
～根菜の甘みたっぷりのみそ汁が子どもの身体を暖める～

≪材料：10人分≫
だし汁…5カップ、
団子（小20個分：上新粉…80ｇ、水…適量）
豚肉…120ｇ、白菜…2枚、大根…3cm長さ
人参…1/2本、ごぼう…1/4本、糸こんにゃく…80ｇ
油揚げ…1枚、ねぎ…5cm長さ、味噌…大さじ3強
《作り方》
①糸こんにゃくは下ゆでして、3cmの長さに切る。
②ごぼうは細切りし水にさらして、あくを抜く。油あげは油抜きをし、細切りする。
③大根、人参はいちょう切りし、豚肉は一口大に切り、白菜の茎は1cm角、葉は2cm角に切る。
④上新粉に水を加えて、耳たぶの固さにこねて丸め、下ゆでする。
⑤鍋にだし汁、材料を加え、中火で約15分煮る。野菜がやわらかくなったら味噌を溶き入れ、小口切りのネギと団子を加え、ひと煮たちさせる。

●みどりの森レシピのポイント
春、夏を経てこの頃になると、具だくさんのみそ汁にすっかり慣れ、ちょっと苦手な大根、白菜、ごぼうなどの食材も子どもたちは食べられるようになる。そこに子どもの「食の育ち」を垣間見ることができる。

## ３０．節分料理　いわしのカレー粉揚げ
### ～子どもに食べやすいカレー風味～

≪材料：10人分≫
丸干しイワシ…10尾、
上新粉…大さじ2、カレー粉…大さじ1、砂糖…小さじ1/2、揚げ油…適量

≪作り方≫
①干しイワシを水に約1時間つけ、塩分を抜く。
②軽く水分をとり、上新粉、カレー粉、砂糖を混ぜた粉をまぶす。
③あたためた油でからっと上げて、できあがり。

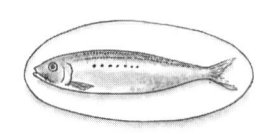

●みどりの森レシピのポイント
イワシの魚臭さを子どもの大好きなカレー風味で食べやすく。子どもたちは、骨だけを残す、頭としっぽを残す、まるごと食べるなど食べ方はさまざまですが、「おいしい！」とのこと。

## ３１．いりどり
### ～鶏のうま味で豆も食べやすく～

≪材料：10人分≫
鶏もも肉　…100ｇ、れんこん…50ｇ、
ごぼう…10㎝長さ、人参…1/2本、大根…3㎝長さ
こんにゃく…1/4枚、干しいたけ…3枚、
大豆(ゆで)…50ｇ、油…小1/2
だし汁としいたけのもどし汁…1カップ
みりん…小1、しょうゆ…小1/2、塩、砂糖…各小1/3

≪作り方≫
①鶏肉は一口大に切る。れんこん、ごぼうは乱切りにし、水にさらしてあくを抜く。人参は乱切りにする。干しいたけは水でもどし、一口大に切る。こんにゃくは一口大にちぎり、下ゆでする。
②鍋に油を熱し、鶏肉、れんこん、ごぼう、こんにゃく、人参、しいたけを加えて炒める。だし汁、みりん、砂糖を入れ落としぶたをして、中火で約15分煮る。
③しょうゆを加え、煮汁がなくなり照りができるまで煮つめる。

●みどりの森レシピのポイント
子どもたちに根菜を食べさせたい、好きな鶏肉と組み合わせた「いりどり」は、その思いにぴったりな料理。大豆も入れたらどうかと加えたところ、子どもたちにはなかなかの評判。

## ３２．かぼちゃごはん
### ～カリカリ香ばしいちりめんじゃこがおいしい～

≪材料：10人分≫
米…2合、水…2.3合、かぼちゃ…1/4個
ちりめんじゃこ…10ｇ、しょうゆ…少々
味噌…大さじ1強、塩…小1/4、青ねぎ…少々

≪作り方≫
①米を洗ってざるにあげ、水気をきる。
②かぼちゃの皮を少し残して、1～2㎝角に切る。
③米にかぼちゃと水でといた味噌、塩を加えて炊く。
④湯通ししたちりめんじゃこをフライパンで空炒りし、しょうゆで香りをつける。
⑤蒸らしたごはんに④と細く切った青ねぎを加え、ふっくら混ぜる。

●みどりの森レシピのポイント
ちりめんじゃこは炊き込むより、空炒りしてしょうゆで香ばしくすると「チャーハンみたい」と子どもの評判がよい。

## ３３．秋田の郷土料理　だまっこ汁
### ～身も心もあったまるおにぎりみそ汁(?!)～

≪材料：10人分≫
だし汁＋鶏がらスープ…6カップ、鶏もも肉…160ｇ
人参…小1/2本、ごぼう…1/3本、大根…5㎝長さ
糸こんにゃく…120ｇ、えのき＋まいたけ…150ｇ
ねぎ…5㎝長さ、せり…少々、しょうゆ…大1と2/3
塩…小1/2、砂糖、酒…各小1、みりん…大2
ごはん…500ｇ（だまっこ20個分）

≪作り方≫①糸こんはアク抜きして、2～3㎝に切る。人参と大根はいちょう切り。ごぼうはささがきにして水にさらす。鶏肉とまいたけは一口大、えのきは1/3の長さに切る。ねぎは小口切りにする。セリは下茹でして、1㎝の長さに切る。②だまっこを作る。ごはんを熱いうちに、すりこぎでつぶし、丸める。表面が乾燥したら、200～230℃に熱したオーブンで焦げ目をつける。③だし汁の中に糸こん、人参、ごぼう、大根、鶏肉の順に加え、約10分煮る。④野菜に火が通ったら　えのき、まいたけを加え、しょうゆ、酒、砂糖、みりん、塩で調味する。⑤火を止めて、ねぎ、セリ、だまっこを加え、味を整える。

●みどりの森レシピのポイント
だまっこは食べやすいかと小さく2㎝径に丸めたら、今ひとつの反応。ひとまわり大きくしたところ、インパクト大で、「おにぎりみそ汁」と名づけ、人気料理に。だまっこは大きいほうが中のごはんがやわらくておいしい。

## ３４．肉豆腐
～子どもが大好きな豆腐レシピ～

≪材料：10人分≫
焼き豆腐…1丁、牛肉…100ｇ
ネギ…1/3本、人参…50ｇ
糸こんにゃく…80ｇ、えのき…40ｇ
油…小さじ1、しょうゆ…大さじ1強
砂糖…大さじ1、酒…小さじ1

≪作り方≫
①鍋に油を熱し、一口大に切った牛肉を炒めて、バットにとり出す。
②①の鍋で人参を炒める。糸こんにゃく、えのき、豆腐、牛肉、調味料を加え、落とし蓋をして約5分煮て、ネギを加える。冷まして味をしみ込ませる。

●みどりの森レシピのポイント
牛肉の味が豆腐にしみて、淡白な味の豆腐をたっぷり食べることができる。いつ出しても、残さず食べてくれる料理のひとつ。

## ３５．山芋もち（かるかん）
～ふんわりもちもち、食べごたえ十分！～

≪材料：10人分≫
山芋…250ｇ、砂糖（グラニュー糖）…250ｇ
上新粉…250ｇ、水…1カップ

≪作り方≫
①山芋をすり鉢でていねいにおろし、砂糖、上新粉、水を混ぜる。泡だて器で空気を入れるように混ぜる。
②①を人数分のカップに分け、湯気の上がった蒸し器に入れ、強火で13～15分蒸す。竹串でさして生地がつかなければ出来上がり。

●みどりの森レシピのポイント
試作につぐ試作で、このようなシンプルなレシピをあみ出した。子どもたちの想像以上の反響にびっくりした。

## ３６．柿練り（かきのり）
～ほんのりとした自然の甘み、宮城の郷土のおやつ～

≪材料：10人分≫
干し柿…100ｇ、上新粉…200ｇ
お湯…適量

≪下ごしらえ≫

≪作り方≫
①干しがきは半日水につけておく。
②やわらかくなったら、種を除き、包丁で細くきざむ。すり鉢でなめらかになるまでする。分量のお湯を加えて、ペースト状にする。
③②に上新粉を混ぜ、耳たぶ状の固さになるよう、お湯で調節する。
④丸めて、ホットプレートなどで焼く。

●みどりの森レシピのポイント
さめて固くなっても温めなおすとおいしいので保存しておいてもよい。子どもたちが毎年楽しみにしている人気おやつ。焼いていると甘い香が立ち込め、どこからともなく子どもたちが集まってくる。

## ３７．おくずがけ
～宮城県の郷土料理をみどりの森風にアレンジ～

≪材料：10人分≫
大根…70ｇ、えのき…15ｇ、ごぼう、人参、こんにゃく…各30ｇ、さつまいも…100ｇ、しめじ…50ｇ、干ししいたけ…2枚（野菜は合わせて400ｇ程度）、ねぎ…適量、豆腐…1/2丁、油揚げ…30ｇ、凍り豆腐…1/2枚、つけ汁（しょうゆ…小1/3、だし汁…100cc、みりん…小1/2）油、上新粉…各適量、米粉めん…70ｇ、だし汁としいたけのもどし汁…5カップ、しょうゆ…大さじ1、塩…小さじ2/3、砂糖…小さじ1、みりん…大さじ1、酒…小さじ1、片栗粉…大さじ2

≪作り方≫
①凍豆腐をもどし、さいの目に切り、つけ汁につける。
②①を軽くしぼって上新粉をつけて油であげる。
③干しいたけを水でもどし、一口に切る。米粉めんを下ゆでする。
④だし汁に、大根、ごぼう、人参、こんにゃく、干しいたけ、さつまいも、油あげ、しめじ、えのき、豆腐、凍豆腐、米粉めんを入れて煮る。⑤材料に火が通ったら調味料で味をととのえ、水溶き片栗粉でとろみをつけたら、ねぎをちらす。

●みどりの森レシピのポイント
毎月一回、宮城県の郷土料理をみどりの森バージョンにして食べる。

## ３８．甘味噌・豆味噌・野菜味噌

◇**甘味噌**～野菜味噌や味噌おむすびなどに万能～
≪材料≫出来上がり1.1kg
味噌…1kg、砂糖…120ｇ、酒…1/2カップ
≪作り方≫
①鍋に酒と砂糖を入れ、火にかける。
②砂糖が溶けたら、味噌を加え、焦がさないように弱火で練る。
③光沢が出てきたら出来上がり。

◇**豆味噌**　～ポリポリと食べだすととまらない～
≪材料：20人分≫
乾燥大豆…100ｇ、甘味噌…大３、酒…適量
≪作り方≫
①乾燥大豆を水でさっと洗い、中火で20分～30分くらい炒る。
②豆の水分が抜けてかりっとしたら、火を止めて甘味噌を加え、弱火で味噌をからめる。水分が少なくなった時は酒を加えて加減する。

●みどりの森レシピのポイント
乾燥大豆を水につけてから炒るとやわらかく仕上がるが、みどりの森ではカッリと固いほうが人気の味。子どもたちは、「えー、おかわりもうないの？」「明日も豆買ってきて作ってよー」と大人気。保護者の方からも、「作り方を教えてください」と問い合わせNo.1のメニュー。

◇**野菜味噌**
～畑や野菜に感謝して最後の収穫までたっぷり味わう～
≪材料：20人分≫
なす…1/3本、ピーマン…1/3個
大葉…２枚
甘味噌…50ｇ
油…大1/2
≪作り方≫
①なす、ピーマンをみじん切りにする。青じそは熱湯にくぐらせてから、みじん切りにする。
②フライパンに油を熱し、ピーマン、なす、青じその順に加え、よく炒める。
③甘味噌を加え、照りがでるまで練る。

●みどりの森のレシピのポイント
青じその香りを押さえ気味にするために熱湯にくぐらせる。ピーマンも一番先に炒めることで臭みを消すのがポイント。子どもたちが育てた畑の夏野菜がたっぷり収穫できたときに、野菜味噌をつけたおにぎりをつくると、「自分たちの野菜の味噌！」と言って喜んでいた。

## ３９．干し柿なます
～ほんのり甘い柿なますは子どもたちも大好き～

≪材料：10人分≫
大根…５cm長さ、人参…30ｇ、塩…適量
干し柿…１個
合わせ酢
（酢…大さじ２弱、砂糖…大さじ1/2、水…適量）
≪作り方≫
①干し柿はさっと水洗いし、ヘタと種を取り、縦に細く切る。
②大根と人参は斜めのせん切りにし、軽く塩をふりしんなりさせる。
③ボールに干し柿、軽くしぼった②を合わせる。
④鍋に合わせ酢の調味料を入れ、火にかけ、沸騰直前に③にかける。
⑤全体をよく混ぜ、味をなじませる。

●みどりの森レシピのポイント
合わせ酢をあたためると、野菜に早く味がなじむので、時間を短縮することができる。かぶ（白）と赤かぶを使っても、おめでたい色彩にできあがる。給食のなかでも、酢の物は苦手な子がもっとも多い料理なので、水を加えて酸味を抑えて作る。「これには、保育室の前に干していた干し柿が入っているのよ」と話すと、みんな興味深々で食べる。

## ４０．田作り
～サクサク軽い食感で子どもたちに食べやすい～

≪材料：20人分≫
ごまめ…40ｇ
しょうゆ…大さじ１、砂糖…大さじ２
酒…小さじ１
しょうがのしぼり汁…小さじ1/2
油…２～３滴、ビート糖…小さじ２
白ゴマ…小さじ１、油…適量

≪作り方≫
①ごまめをあたためた油で数秒間さっと揚げる。
②鍋にしょうゆ、砂糖、酒を入れ火にかけ、泡が小さくなるまで煮つめたら、①を加え手早くからませる。
③しょうがのしぼり汁と油を２～３滴加える（固まりにくくするため）。仕上げにビートオリゴで照りをつけ、ゴマをかける。

●みどりの森レシピのポイント
お正月料理ですが佃煮として、給食によく出す一品。揚げすぎると苦くなるので、さっと短時間揚げるのがコツ。

## 園で使用する食材と調味料一覧 （化学調味料は一切使用していない）

| | |
|---|---|
| 米 | ・涌谷町の有機農家の白幡 晋氏生産<br>　20年間有機栽培のJAS認定有機米<br>・大崎市三本木の小関 俊夫氏生産<br>　農薬・化学肥料不使用のアイガモ米のササニシキ<br>・白石市かわむら自然農園（川村 昌敏）生産<br>　農薬・化学肥料不使用の天日干しのササニシキ |
| 野　菜 | ・主に、白石市のかわむら自然農園（川村 昌敏）生産<br>　農薬、化学肥料不使用の野菜 |
| 肉・魚 | ・主に、あいコープみやぎより |
| 米粉めん | ・う米米めん（マルコー食品有限会社）<br>　原材料はお米と豆乳、宮城県産のお米100％で作られています。 |

| | |
|---|---|
| 味　噌 | ・**登穀味噌**（ヤマカノ醸造株式会社）<br>　特別栽培大豆と特別栽培米使用<br>・**山里ひっぽの元気な味噌**（山の農場＆みそ工房SOYA）<br>　農薬・化学肥料不使用の大豆と米100パーセント。米糀をたっぷり用い、<br>　丸一年以上木樽の中でじっくり熟成させている。 |
| しょうゆ | ・**たまり醤油**（山の農場＆みそ工房SOYA）<br>　味噌樽の下からわずかにとれるしたたまり醤油<br>・**白菊純米しょうゆ本醸造**（白菊商事株式会社）<br>　米から作られている醤油。 |
| お　酒<br>（料理用） | ・**特別純米酒　一ノ蔵**（株式会社一ノ蔵）<br>　原材料には宮城県産米を100％使用し、ていねいに仕込んだ手作りの特別<br>　純米酒です。 |
| 砂　糖 | ・**花見糖**（第一糖業株式会社）<br>　国産原材料を使用し、日本古来の製法に近い技法で風味をそのままいかし<br>　ている。<br>・**ビートオリゴ**（日本甜菜糖株式会社）<br>　北海道産のビート（甜菜、砂糖大根）糖蜜から抽出した天然のオリゴ糖 |
| 塩 | ・ミネラルの豊富な海水塩を使用した、無精製塩 |
| みりん | ・**味の母**（味の一醸造株式会社）<br>　米こうじを原材料として日本酒の基となる「もろみ」（原酒）を造り、さ<br>　らに二段式（製法特許）による糖化工程を経た醸造製品で「酒の風味」と<br>　「みりんのうまみ」を併せ持つ醗酵調味料<br>　（原材料：米・米こうじ・食塩） |
| だし | ・国産天然昆布やかつおなどの削り節（国産）からしっかり出汁をとる。<br>・**田舎味だしパック**（株式会社浜甚）<br>　原材料に、かつお節・宗田鰹節・サバ節・昆布・椎茸を使用した魚類粉末<br>　だし |

# おわりに

　みどりの森幼稚園がゼロからスタートして、8年目の春を迎えました。最初に卒園した子どもが今年小学校を卒業しました。無我夢中の毎日を過ごしながら、ただただ子どもたちの「育ち」に励まされ、ここまで来たのが正直なところです。ぼろぼろの園舎にペンキを塗りながら立ち上げた頃には、今日の姿は想像もできませんでした。

　青木久子先生に「荒削りで粗野な保育」といわれる私たちの保育は、毎日子どもたちと遊び、泣き、はしゃぎ、怒り、そして笑う。ほんとうにただそれだけともいえる保育です。そんな私たちを砂粒の中から拾い出すように見つけてくださったのが、磯部裕子先生でした。食の実践が形になりだしたこともあり、何らかの形でまとめたいとご相談したところ、「それでは本にしましょう」とおっしゃいました。まるで狐につままれたような気持ちでしたが、それからは磯部先生の行動力に押され、ここまで来ることができました。磯部先生に私たちの保育の「ここが良いところ」と認め励ましていただけなければ、けっして本を出版する気持ちにはなりませんでした。

　青木先生には何度も仙台に足を運んでいただき、その度、評価と課題をいただきました。ともすれば、日々の保育に埋没し、「これでよいのだ」と自己満足に陥りそうになる私たちに新たな冒険をくださいました。「遊びによって何が育つのか証明して見せなさい」というお言葉は今でもみどりの森の大きな課題です。

　「粗野で荒削り」なのはどうもみどりの森の真髄のようで、給食のレシピも大変荒削りなものでした。それをていねいに一つひとつ計りながら形にしてくださったのは平本福子先生のプロのお仕事でした。子どもを撮るほうが100倍も楽しそうな顔をされていましたが、辛抱強く、それらの料理をなんとも美味しそうに撮ってくださった川内さん。「子どもたちがのびのびしていますね」とおっしゃいながら最後までお付き合いいただいた、ひとなる書房の名古屋さんほんとうにありがとうございました。

　毎日泥まみれになりながら保育している保育者たちが、仕事の合間をぬって、眠い目をこすりながら書いた殴り書きの原稿は、それこそが「うちの保育」とも言える宝物となりました。厚美さんの握るおにぎりと同じ。手作りの暖かさ。保育という崇高な営みを支えるのはやはりこういう人たちの人としての力だと、あらためて実感できるものでした。

　最後に、みどりの森の食と保育を支えてくださっているすべての方々に感謝を述べたいと思います。食材を提供してくださる方々、給食のお手伝いをしてくださる保護者の方々。そしてそれをおいしそうにぺろりと平らげてくれる子どもたち！　ほんとうにありがとう。

　　2007年5月

　　　　　　　　　　　　　　　　　　　みどりの森幼稚園　園長　　小島　芳

### 著者紹介・執筆分担

**磯部　裕子**（いそべ　ひろこ）　　　　　　　　　　＜監修・1章コラム、コメント、2章2節執筆＞
1960年生。
聖心女子大学文学部教育学科卒業ののち、8年間幼稚園教諭として勤務。
青山学院大学大学院後期博士課程満期退学。現在、宮城学院女子大学児童教育学科准教授
主たる著書として『教育学への視座』（萌文書林）『教育実習』（つなん出版）『ナラティヴとしての保育学』（萌文書林）等

**平本　福子**（ひらもと　ふくこ）　　　　　　　　　　＜1章コラム・コメント、2章1節執筆＞
1952年生。
女子栄養大学大学院修士課程修了　栄養学博士
女子栄養大学助手を経て、現在、宮城学院女子大学食品栄養学科教授
主たる著書として『子どもとお母さんのおやつブック』（創元社）『ひとりでできるもん全10巻』（金の星社）『1人1品3まわり新しい調理実習の試み』（教育図書）等

**青木　久子**（あおき　ひさこ）　　　　　　　　　　＜2章3節執筆＞
1944年生。
青山学院大学大学院修士課程修了
幼稚園教諭より、東京都教育庁指導部　都立教育研究所統括指導主事、
国立音楽大学教授　兼　同附属幼稚園長職等を歴任。現在、青木幼児教育研究所主宰。
主たる著書として『子どもに生きる』（萌文書林）『生きる力を育てる保育　全3巻』（世界文化社）『教育臨床へ挑戦』（萌文書林）等

**小島　芳**（おじま　かおり）　　　　　　　　　　＜1章1節・3節、コメント執筆＞
1966年生。
羽陽学園短期大学幼児教育科卒業
仙台市内の私立幼稚園に12年間勤務の後、みどりの森幼稚園の設立にかかわる。
現在、同園園長

**みどりの森幼稚園**（みどりのもりようちえん）　＜1章実践記録、3章執筆＞
（沿革）
1924年　仙臺仏教託児園として設立
1954年　財団法人仙台仏教みどり学園みどり幼稚園認可
1979年　学校法人仙台仏教みどり園みどり幼稚園認可
2000年　学校法人仙台みどり学園みどりの森幼稚園に名称変更認可
　　　　http：//www.h4.dion.ne.jp/~aomushi/

---

## 「食」からひろがる保育の世界——みどりの森の食日記——

2007年5月30日　初刷発行

監修者　磯部　裕子
発行者　名古屋　研一

発行所　㈱ひとなる書房
東京都文京区本郷2-17-13
広和レジデンス1F
TEL 03（3811）1372
FAX 03（3811）1383
e-mail：hitonaru@alles.or.jp

©2007　印刷・製本／モリモト印刷株式会社
＊落丁本、乱丁本はお取り替えいたします。

## 好評書のごあんない

●21世紀の保育観・保育条件・専門性
**保育の質を高める**
大宮勇雄著
Ⅰ いま、保育観が問われる時代／Ⅱ 市場原理と保育の質〜質の悪化を招く、日本の保育改革／Ⅲ 第三者評価・マニュアル化と保育の質／Ⅳ 保育の質研究が明らかにしたもの〜21世紀の保育と保育者の専門性。
●4-89464-097-X　A5判・本体1800円

●この子の今を大切に
**徹底して子どもの側に立つ保育**
溝水玲子著
どんな話し合いも子どもの姿ぬきにははじめない。子どもたちみんなを、職員みんなで育てよう。懸命に生きる子どもたち一人ひとりの今を認め、徹底してその思いをかなえようとする実践から見えてきたものとは。
●4-89464-098-8　A5判・本体2000円

●LD、ADHD、アスペルガー、高機能自閉症児
**「ちょっと気になる子ども」の理解、援助、保育**
別府悦子著
子どもの「困った行動」は自分の力量不足が原因、と思っていませんか？「気になる子」の理解を深め、成長を支える実践的な手だてを探ります。
●4-89464-095-3　A5判・本体1300円

●実践に学ぶ
**保育計画のつくり方・いかし方**
保育計画研究会編
本当に役立つ保育計画とは何か？ 12の実践を素材に、年齢ごとの発達課題をふまえ、計画と実践の関連をいきいきと描いた画期的なテキスト。
●4-89464-079-1　B5判・本体2400円

●保育・子育てと発達研究をむすぶ 幼児編
**3歳から6歳**
神田英雄著
現場の保育者の視線に寄り添って、豊富な実践記録に学んだ「生きて生活する子どもの心・姿」を通して幼児期の発達と保育の課題に迫る。
●4-89464-078-3　A5判・本体1500円

●急変する生活・労働実態と保育の原点
**時代と向きあう保育・上**
鈴木佐喜子著
厳しさを増す親の労働・生活実態、その背景にある政治・経済の流れを、保育行政の動きとともに明らかにする。改めて保育とは何かを問う力作。
●4-89464-072-4　A5判・本体1700円

●子どもの育ちを守ることと親を支えることのジレンマをこえて
**時代と向きあう保育・下**
鈴木佐喜子著
親も子も犠牲にせず、保育者も主体的に働ける保育のあり方を、親とのトラブル、長時間保育・子育て支援などの課題に即して、提起する。
●4-89464-073-2　A5判・本体1700円

●子どもと過ごす極上の時間
**シナリオのない保育**
岩附啓子著
子どもの心の動きに合わせて展開する自由自在な保育。臨場感あふれる文章にひきこまれながら、保育にとって何が大事なのか考えさせられます。
●4-89464-074-0　四六判・本体1800円

**3歳は人生のはじまり**
天野優子著
3歳児の四季を綴る笑いと涙と感動の実践記録。子どもたちのありのままの姿が親子・保育者たちを元気づける。汐見稔幸氏も絶賛の本！
●4-938536-88-9　四六判・本体1650円

●年齢別保育研究シリーズ
**4歳児の自我形成と保育**
岡村由紀子・金田利子共著
仲間をくぐって、自分に気づく4歳児の時代に自己コントロール力を豊かに育てていく姿を実践者と研究者が共同で考察した画期的な本。
●4-89464-057-0　A5判・本体1800円

●年齢別保育研究シリーズ
**5歳児の協同的学びと対話的保育**
加藤繁美・秋山麻実他著
茨城大学教育学部附属幼稚園による克明な実践記録をもとに、対話を軸に心地よい背伸びと学びを保障する実践の有りようと今日的課題を提起する。
●4-89464-087-2　A5判・本体1800円

◎保育の教室シリーズ　保育をめぐるホットな課題を平易に解説する新シリーズ

①**受容と指導の保育論**
茂木俊彦著
受容・共感と指導を統一した保育を「実践的に子どもを理解する」視点を軸に明らかにする。園内研修・実践検討のテキストとして大好評。
●4-89464-066-X　四六判・本体1500円

②日本社会と保育の未来
**子どもへの責任**
加藤繁美著
今ここにいる子、将来生まれてくる子どもたちのために、国・自治体、そして保育者と親の果たすべき「責任」のありようを心から問いかける。
●4-89464-075-9　四六判・本体1600円

◎新保育論シリーズ　実践と理論をむすぶ新しい「保育論」構築のための理論書シリーズ

①保育実践の教育学
**保育者と子どものいい関係**
加藤繁美著
「自由」も「指導」も大切。でもどう実践すればいいのか。「共感」をベースに保育者と子ども、保育者同士のよりよい関係づくりを提起します。
●4-938536-63-3　A5判・本体2136円

②続・保育実践の教育学
**子どもの自分づくりと保育の構造**
加藤繁美著
保育の目標と保育内容の構造を、0〜6歳児の自我の育つみちすじにそくして提起します。大好評『保育者と子どものいい関係』の続編。
●4-89464-004-X　A5判・本体2200円

③指導と理論の新展開
**あそびのひみつ**
河崎道夫著
「おもしろさ」をキーワードにあそびと指導の関係を問い直した斬新なあそび論。あそびのふくらませ方に悩んでいる人におすすめの一冊。
●4-938536-74-9　A5判・本体2330円

④描画活動の指導と理論の新展開
**描くあそびを楽しむ**
田中義和著
「あそびとしての描画活動」の視点で、これまでのきちんと描かせる実践や診断的見方などを再検討。「楽しさ」を基点にした画期的な指導を提起。
●4-89464-009-0　A5判・本体2200円

⑤**現代の子育て・母子関係と保育**
鈴木佐喜子著
親たちの困難な実態と、そうした親子とともに歩もうとする保育者たちの実践に光を当て、新たな親と保育者の共同のあり方を探る。
●4-89464-025-2　A5判・本体2200円

⑥絵本をおもしろがる子どもの心理
**もっかい読んで！**
田代康子著
絵本を面白がる「心の動き」から子どもたちの驚くほどの豊かな感情体験をたどっていきます。子どもと絵本を読む楽しさ・大切さに気づかせてくれる。
●4-89464-048-1　A5判・本体2200円

〒113-0033 東京都文京区本郷 2-17-13-101　**ひとなる書房**　TEL 03-3811-1372／FAX 03-3811-1383